Michael Pauli

Personalfreisetzung in der Wirtschaftskrise

Eine arbeitsrechtliche Analyse von Personalfreisetzungsinstrumenten aus betriebswirtschaftlicher Perspektive

igel Verlag
RWS

Pauli, Michael: Personalfreisetzung in der Wirtschaftskrise: Eine arbeitsrechtliche Analyse von Personalfreisetzungsinstrumenten aus betriebswirtschaftlicher Perspektive, Hamburg, Igel Verlag RWS 2014

Buch-ISBN: 978-3-95485-021-1
PDF-eBook-ISBN: 978-3-95485-521-6
Druck/Herstellung: Igel Verlag RWS, Hamburg, 2014

Bibliografische Information der Deutschen Nationalbibliothek:
Die Deutsche Nationalbibliothek verzeichnet diese Publikation in der Deutschen Nationalbibliografie; detaillierte bibliografische Daten sind im Internet über http://dnb.d-nb.de abrufbar.

Hermannstal 119k, 22119 Hamburg
http://www.diplomica.de, Hamburg 2014
Printed in Germany

Inhaltsverzeichnis

Anhangsverzeichnis

Abbildungsverzeichnis

Abkürzungsverzeichnis

AbgG	=	Abgeordnetengesetz
AG	=	Arbeitgeber
ArbGG	=	Arbeitsgerichtsgesetz
ArbPlSchG	=	Arbeitsplatzschutzgesetz
AÜG	=	Arbeitnehmerüberlassungsgesetz
AN	=	Arbeitnehmer
BA	=	Bundesagentur für Arbeit
BAG	=	Bundesarbeitsgericht
BImSchG	=	Bundes-Immissionsschutzgesetz
BAT	=	Bundes-Angestellten-Tarifvertrag
BIP	=	Bruttoinlandsprodukt
BBiG	=	Berufsbildungsgesetz
BEEG	=	Bundeselterngeld- und Elternzeitgesetz
BGB	=	Bürgerliches Gesetzbuch
BIP	=	Bruttoinlandsprodukt
BRD	=	Bundesrepublik Deutschland
BurlG	=	Bundesurlaubsgesetz
EStG	=	Einkommenssteuergesetz
GewO	=	Gewerbeordnung
GG	=	Grundgesetz
IAB	=	Institut für Arbeitsmarkt- und Berufsforschung
KSchG	=	Kündigungsschutzgesetz
KuG	=	Kurzarbeitergeld
LAG	=	Landesarbeitsgericht
m.w.N.	=	Mit weiteren Nachweisen
MuSchG	=	Mutterschutzgesetz
SGB III	=	Sozialgesetzbuch III
SGB IX	=	Sozialgesetzbuch IX
ZDG	=	Gesetz über den Zivildienst der Kriegsdienstverweigerer

1. EINLEITUNG

1.1 Problemstellung

„Die deutsche Wirtschaft befindet sich im Frühjahr 2009 in der tiefsten Rezession seit der Gründung der Bundesrepublik. [...]Unternehmen [werden sich] zunehmend gezwungen sehen, den Personalbestand zu reduzieren, je länger die Kapazitäten unterausgelastet sind. Im Jahresverlauf 2009 ist mit einem Verlust von mehr als 1 Mill. Arbeitsplätzen zu rechnen.“[1] Für die Unternehmen der deutschen Wirtschaft stellt diese Situation eine wirtschaftliche Krisenzeit dar, mit der zugleich auch der Abbau von Arbeitsplätzen verbunden wird. Laut einer repräsentativen Umfrage des Ifo-Instituts vom Februar 2009 plant insgesamt jedes vierte Unternehmen, die Mitarbeiterzahl in den folgenden 6 Monaten zu reduzieren.[2]
Der Begriff der Unternehmenskrise unterliegt in der wissenschaftlichen Auseinandersetzung unterschiedlichsten Definitionen. Allgemein kann diese beschrieben werden als ungeplante und ungewollte ertragsmäßige und liquidationsmäßige Situation, die eine unmittelbare Gefahr für das Überleben des Unternehmens darstellt.[3] Mehr noch als eine Beschreibung es vermag, können spezifische Eigenschaften einer Unternehmenskrise das Phänomen beschreiben: Vor dem Hintergrund der Existenzgefährdung der Organisation sind vor allem die allgemeine Steuerungsproblematik und der Verlust von Handlungsmöglichkeiten bei gleichzeitig wachsender Handlungsnotwendigkeit in fortgeschrittenen Phasen der Krise die zentralen Problemfelder in der Krisenbewältigung.[4] Eine Auseinandersetzung mit Konzepten für deren Handhabung stellt daher im Zuge der aktuellen gesamtwirtschaftlichen Situation die zentrale Herausforderung für Unternehmen dar. Dies wirft gleichzeitig die Frage auf, welchen Beitrag das Personalmanagement zur Krisenbewältigung leisten kann.
Die angesprochene Steuerungsproblematik und Existenzgefährdung als bestimmende Merkmale einer Unternehmenskrise verleiten dazu, Handlungsoptionen rein finanziellen Kalkülen zu unterwerfen. Dies stellt insoweit eine Gefahr dar, als dass dadurch womöglich das Personalmanagement und die Mitarbeiter lediglich als abhängige Variablen übriger Teilplanungen im Unternehmen gesehen und personalwirtschaftliche Beiträge zur Krisenbewältigung nur selektiv wahrgenommen werden. Dementsprechend würden auch der Lö-

[1] Projektgruppe Gemeinschaftsdiagnose (2009): S.7f. .
[2] Vgl. Losse (2009): S.30 zu den Ergebnissen zur repräsentativen Umfrage des Ifo-Instituts im Auftrag der Wirtschaftswoche.
[3] Vgl. Krystek / Moldenhauer (2007): S.25f. mit weiteren Definitionen.
[4] Vgl. ausführlich zu den Eigenschaften der Unternehmenskrise Krystek / Moldenhauer (2007): S.26-28.

sungsbeitrag des Personalmanagements und das Humankapital als strategische Ressource, das zu erhalten, optimal zu nutzen und ständig weiterzuentwickeln ist[5], unberücksichtigt bleiben. Denn Personalkosten stellen einen der großen Kostenblöcke im Unternehmen dar.[6] Betrachtet man die durchschnittliche Personalaufwandquote, also das Verhältnis zwischen Personalaufwand und Umsatz (bzw. Gesamtleistung des Unternehmens), so liegt diese gemäß *Wöhe / Döring* in deutschen Großunternehmen je nach Branche etwa zwischen 20 und 30 Prozent.[7] Eigene Berechnungen aus dem Monatsbericht Januar 2009 der Deutschen Bundesbank bestätigen diese Größenordnung: Demnach betrug der Anteil der Personalaufwendungen am gesamten Aufwand vor Gewinnsteuern im verarbeitenden Gewerbe im Jahr 2006 insgesamt 18,2 %.[8] Mit der Entlassung von Mitarbeitern wird dadurch häufig ein schnell wirksames Einsparpotential verbunden und eine Kündigung als logische Schlussfolgerung in der Rezession gesehen, um der Existenzgefährdung des Unternehmens durch eine Personalkostenentlastung entgegenzuwirken. Die in der Praxis häufig mit Personalfreisetzung gleichgesetzte Entlassung stellt aber lediglich eine Verwendungsalternative im Umgang mit Personalüberhängen dar.[9] Die Personalfreisetzung hat sich mittlerweile als eigener personalwirtschaftlicher Funktionsbereich herausgestellt. Dieser stellt jedoch aufgrund der weitgehend starren, vertraglich fixierten Nutzungsmöglichkeiten von Humanressourcen, den bereits erwähnten hohen Personalkosten und vor allem in Anbetracht restriktiver arbeitsrechtlicher Regelungen eine große Herausforderung für Unternehmen dar. Denn während beispielsweise in der Absatzplanung überwiegend nach ökonomischen Gesichtspunkten heraus Entscheidungen getroffen werden, stellt das Entscheidungsfeld über den Dispositionsfaktor Mensch eine besonders komplexe Verflechtung betriebswirtschaftlicher, sozialer und arbeitsrechtlicher Aspekte dar. Insbesondere in Krisenzeiten ist dabei eine Verschärfung des Spannungsfeldes zwischen Ökonomie und unternehmerischer, aber sozial engagierter Mitarbeiterpolitik im Unternehmen zu erwarten. Zugleich verweist *Krystek* darauf, dass der fehlerhafte Umgang mit Humanressourcen zu den schwerwiegendsten Feh-

---

[5] Vgl. ausführlich zur wissenschaftlichen Diskussion über Humankapital als strategische Ressource und den Resource-based-View, im Zuge dessen Personal im Unternehmen als knappe, wertvolle, schwer imitierbare und schwer substituierbare Ressource zur Schaffung von Wettbewerbsvorteilen gilt, in: Schneider (2008): S.13-19.

[6] Vgl. Krüger (2005b): S.32.

[7] Vgl. Wöhe / Döring (2005): S.152.

[8] Eigene Berechnung auf Grundlage der Bilanz und Erfolgsrechnung deutscher Unternehmen nach Wirtschaftsbereichen ; in: Deutsche Bundesbank (2009): S.50.

[9] Vgl. Drumm (2005): S.295.

lern in der unternehmerischen Krisenbewältigung zählt.[10] Im Rahmen des Rezessionsmanagements stellt also gerade dieser Teilbereich der Personalplanung einen der wichtigsten Ansatzpunkte für die Krisenbewältigung dar.[11]

Die vorliegende Studie beschäftigt sich mit diesem komplexen personalwirtschaftlichen Funktionsbereich und soll vorrangig die rechtlichen Gestaltungsparameter einer Personalfreisetzungsentscheidung vor dem Hintergrund der Wirtschafts- und Finanzkrise aufzeigen. Ein planerisches Vorgehen hin zu einer ökonomisch sinnvollen Gestaltung der Personalfreisetzung erfolgt vor dem Hintergrund des Einflusses arbeitsrechtlicher Regelungen. Dabei wird folgenden Fragestellungen nachgegangen:

- Welche Instrumente stehen dem Unternehmen zur Bewältigung personeller Überkapazitäten zur Verfügung?
- Welche Einflussgrößen wirken auf Personalfreisetzungsentscheidungen ein und wie können diese planerisch gestaltet werden?
- Welche Zielsetzungen lassen sich darauf aufbauend für ein Personalfreisetzungsmanagement ableiten, um personelle Maßnahmen vor dem Hintergrund der aktuellen Wirtschaftskrise auf ihre Eignung hin zu überprüfen?
- Welchen Einfluss haben (arbeits-)rechtliche Normen auf die Gestaltungsmöglichkeiten der Entscheidungsträger im Personalfreisetzungsprozess und auf die Eignung einzelner Maßnahmen?
- Stellt die betriebsbedingte Kündigung ein geeignetes Mittel zur Personalanpassung in der Wirtschafts- und Finanzkrise dar?
- Stellt Kurzarbeit eine Alternative zum Personalabbau durch betriebsbedingte Kündigung dar?

Die bereits angesprochene, mit der Thematik der Personalfreisetzung in besonderem Maße verbundene Verflechtung sozialer, betriebswirtschaftlicher, rechtlicher und volkswirtschaftlicher Aspekte ermöglicht eine Herangehensweise an die Themenstellung aus unterschiedlichen Blickwinkeln.[12] Die vorliegende Untersuchung erfolgt aus der unternehmensbezogenen, betriebswirtschaftlichen Sichtweise, und dabei vor allem in Verbindung mit dem arbeitsrechtlichen Einfluss auf die Entscheidungsfindung. Volkswirtschaftliche (z.B. Auswir-

[10] Vgl. Krystek (1987): S.7.
[11] Vgl. Nagel (1994): S.177.
[12] Vgl. zur fächerübergreifenden Betrachtungsweise der Personalfreisetzung Marr / Steiner (2003): S.38.

kungen von Personalabbau auf die Gesellschaft durch höhere Arbeitslosenquoten, Sozialleistungen etc.) und soziale Gesichtspunkte (z.B. Auswirkungen auf das Individuum und dessen Umfeld durch Arbeitsplatzverlust) bleiben daher weitgehend ausgeblendet, soweit sie nicht von betriebswirtschaftlicher Bedeutung aus der Sicht des Unternehmens sind. Die Analyse im arbeitsrechtlichen Kontext erfolgt unter der Prämisse, dass sich die Betrachtung auf private, inländische Betriebe beschränkt. Besonderheiten bei öffentlichen Unternehmen oder Betrieben im Ausland werden somit nicht betrachtet.

1.2 Gang der Untersuchung

Zu Beginn dieses Buches wird der allgemeine Personalfreisetzungskontext beschrieben, um darauf aufbauend den Ablauf einer Entscheidungsfindung in der aktuellen Wirtschaftskrise darzustellen. Dazu wird in Abschnitt 2 zunächst der Begriff der Personalfreisetzung inhaltlich erläutert. Darauf aufbauend werden die klassischen personalwirtschaftlichen Instrumente zur Begegnung von Personalüberhängen dargestellt und entsprechend der Begriffsdefinition kategorisiert. Auf Grundlage dieser inhaltlichen Beschreibung wird der Ablauf einer Personalfreisetzungsentscheidung im Unternehmen aufgezeigt. Dadurch können wesentliche Einflussgrößen auf die Entscheidungsfindung ermittelt, Entscheidungsträger identifiziert und darauf aufbauend eine strategische Zielsetzung für den gesamten Personalfreisetzungsprozess abgeleitet werden. Vor dem Hintergrund der verschiedenen Einflussgrößen und der definierten Zielsetzung wird dann ein planerisches Phasenschema zur Entscheidungsfindung aufgezeigt, anhand dessen die Verwendungsalternativen der Personalfreisetzung auf ihre Eignung in der Krise hin analysiert werden können. Die anschließende Definition von Beurteilungskriterien zeigt, welche Faktoren bei der Maßnahmenanalyse zu beachten sind.

Im dritten Abschnitt wird ermittelt, welche verschiedenen Ursachen zu Personalfreisetzungsmaßnahmen im Unternehmen führen können und welche Auswirkungen diese auf den Ablauf und die Zielsetzung von Personalfreisetzungsentscheidungen haben. Auf Basis der bis dahin gewonnen Erkenntnisse kann dann als Ausgangspunkt des im zweiten Kapitel aufgezeigten planerischen Phasenschemas die Wirtschaftskrise als zugrunde liegende Ursache dieser Studie analysiert und deren Auswirkung auf die Personalfreisetzungsplanung beschrieben werden. Für die Wirtschaftskrise lassen sich somit vorrangige Zielorientierungen ermitteln, anhand derer im Anschluss die Instrumente „betriebsbedingte Kündigung“

und „Kurzarbeit“ bewertet werden können. Unabhängig von einer Analyse einzelner Maßnahmen soll an dieser Stelle dargestellt werden, welchen Einfluss der Betriebsrat als Interessensvertretung der Arbeitnehmer[13] (AN) auf die Personalfreisetzungsplanung im Unternehmen hat.

Dem Ablauf der Entscheidungsfindung weiter folgend wird auf Grundlage dieser Ursache zunächst die betriebsbedingte Kündigung als klassisches Personalabbauinstrument einer rechtlichen Analyse unterzogen. Dabei gilt es zu klären, inwieweit die damit verbundenen arbeitsrechtlichen Regelungen die Personalfreisetzungsplanung und somit die Eignung des Instrumentes in der aktuellen Wirtschaftskrise beeinflussen. Betriebswirtschaftliche Aspekte sollen durch eine Darstellung möglicher Folgewirkungen von Personalabbau eine abschließende Bewertung der Maßnahme ermöglichen.

Als Gegenstück zum Personalabbau wird anschließend das beschäftigungserhaltende Personalfreisetzungsinstrument der Kurzarbeit dahingehend untersucht, ob es eine Alternative zur betriebsbedingten Kündigung darstellt und inwieweit dessen Einsatz einen Beitrag zur Krisenbewältigung leisten kann.

[13] Um die Lesbarkeit der Arbeit zu erleichtern, sind alle Personenbenennungen in der männlichen Form gehalten und als Kurzform für beide Geschlechter gedacht.

2. PERSONALFREISETZUNGSPROBLEMATIK

2.1 Der Begriff der Personalfreisetzung und Abgrenzung zu Personalabbau

Die wissenschaftliche Auseinandersetzung mit der Freisetzungsproblematik lässt sich bis in die erste Hälfte des 19. Jahrhunderts zurückverfolgen und wird seitdem in zahlreichen Publikationen erörtert. Eine einheitliche Begriffsbildung hat sich bisher jedoch nicht durchgesetzt.[14] So beschreiben bspw. *Marr / Steiner*[15] mit dem Begriff Personalfreisetzung die rein quantitative Verringerung der Zahl der Beschäftigten im Unternehmen. *Gaugler*[16], der als einer der ersten Autoren die Personalfreisetzung als eigenen Teilbereich der Personalplanung thematisierte, hebt hingegen hervor, dass Personalfreisetzung nicht primär mit Personalabbau oder Entlassung in Verbindung gebracht werden kann, sondern verschiedenste Variationen von Maßnahmen zur Veränderung der Personalstruktur beinhaltet. Bereits die eben beschriebenen, unterschiedlichen Interpretationen des Begriffes verdeutlichen die Notwendigkeit einer klaren Definition für den weiteren Verlauf der Untersuchung.
Als Ansatzpunkt für eine inhaltliche Einordnung des Begriffes Personalfreisetzung soll dessen zentrale Funktion im Unternehmen dienen, nämlich personelle Überkapazitäten in qualitativer, quantitativer, zeitlicher und örtlicher Hinsicht zu beseitigen (oder vorab bereits zu vermeiden). Demnach wird in diesem Buch unter dem Begriff der Personalfreisetzung sowohl die Beendigung (z.B. durch Kündigung) als auch die Änderung bestehender Arbeitsverhältnisse bei gleichbleibendem Personalbestand (z.B. Einführung von Kurzarbeit) verstanden.[17] Darüber hinaus zählen auch so genannte freisetzungshemmende Maßnahmen ohne Änderung oder Beendigung bestehender Arbeitsverhältnisse zu den Instrumenten der Personalfreisetzung (z.B. Abbau von Überstunden).[18]

Für die Beschreibung der Veränderung betrieblicher Beschäftigungssituationen wird in der wissenschaftlichen Diskussion auf eine Vielzahl von Begriffen zurückgegriffen, die wiederum unterschiedlich abgegrenzt und definiert werden.[19] Klar abzugrenzen sind gegenüber

---

[14] Vgl. Seisl (1998): S.31f. sowie weiterführend hierzu die Freisetzungsdebatte im geschichtlichen Rückblick S. 33–41 m.w.N..
[15] Vgl. Marr / Steiner (2003): S.11–13 ; Hier wird Personalabbau als übergreifender Begriff über alle Freisetzungsmaßnahmen verwendet.
[16] Vgl. Gaugler (1974): S.207 ; vgl. auch Drumm (2005): S.295.
[17] Vgl. Jung (2006): S.314 ; Hentze (1995): S.269 ; Kammel (2003): Sp.1344.
[18] Vgl. Kadel (1990): S.21.
[19] Vgl. hierzu die unterschiedlichen begrifflichen Abgrenzungen bei Jung (2006): S.314 ; Marr (2003): S.10–14 ; Hentze (1995): S.269 oder Kadel (1990): S.21-22.

dem hier definierten übergreifenden Begriff der Personalfreisetzung die Termini, welche lediglich auf eine zahlenmäßige Reduktion des Personalbestandes abzielen. Personalabbau oder auch Personalentlassung umfassen ausschließlich den quantitativen und somit lediglich einen Teilaspekt des Entscheidungsfeldes der Personalfreisetzung.[20]

Denn *„Personalfreisetzung geht über den zahlenmäßigen Rückgang des Personalbestandes hinaus und schließt ferner unter Berücksichtigung wirtschaftlicher und sozialer Gesichtspunkte Alternativen des organisationsübergreifenden Abbaus durch unterschiedliche Maßnahmen quantitativer, qualitativer, zeitlicher und örtlicher Variationen der Unternehmens- und Personalstruktur mit ein"*.[21] Personalfreistellung kann hingegen als Synonym für Personalfreisetzung verstanden werden.[22] Die uneinheitliche inhaltliche Interpretation des Begriffes ist spiegelbildlich für die im allgemeinen Sprachgebrauch häufige Gleichsetzung von Personalfreisetzung mit Entlassung. Im Folgenden soll deshalb dargestellt werden, welche Maßnahmen dem Unternehmen zur Beseitigung oder Vermeidung personeller Überkapazitäten konkret zur Verfügung stehen.

2.2 Instrumente der Personalfreisetzung

Die verschiedenen Maßnahmen der Personalfreisetzung werden in der Literatur nach unterschiedlichen Kriterien unterteilt.[23] Im Rahmen der bereits vorgenommenen begrifflichen Definition erfolgt hier eine Unterteilung der Maßnahmen in qualitativ, quantitativ, zeitlich und örtlich wirkende Veränderungen der Beschäftigungsstruktur:

[20] Vgl. Hentze (1995): S.269 ; Kadel (1990): S.21–22.
[21] Kammel (2003): Sp.1344.
[22] Vgl. dazu bspw. Hentze (1995): S.269 ; Mag (1986): S.153.
[23] Vgl. zu unterschiedlichen Möglichkeiten der Kategorisierung Seisl (1998): S.50 m.w.N. .

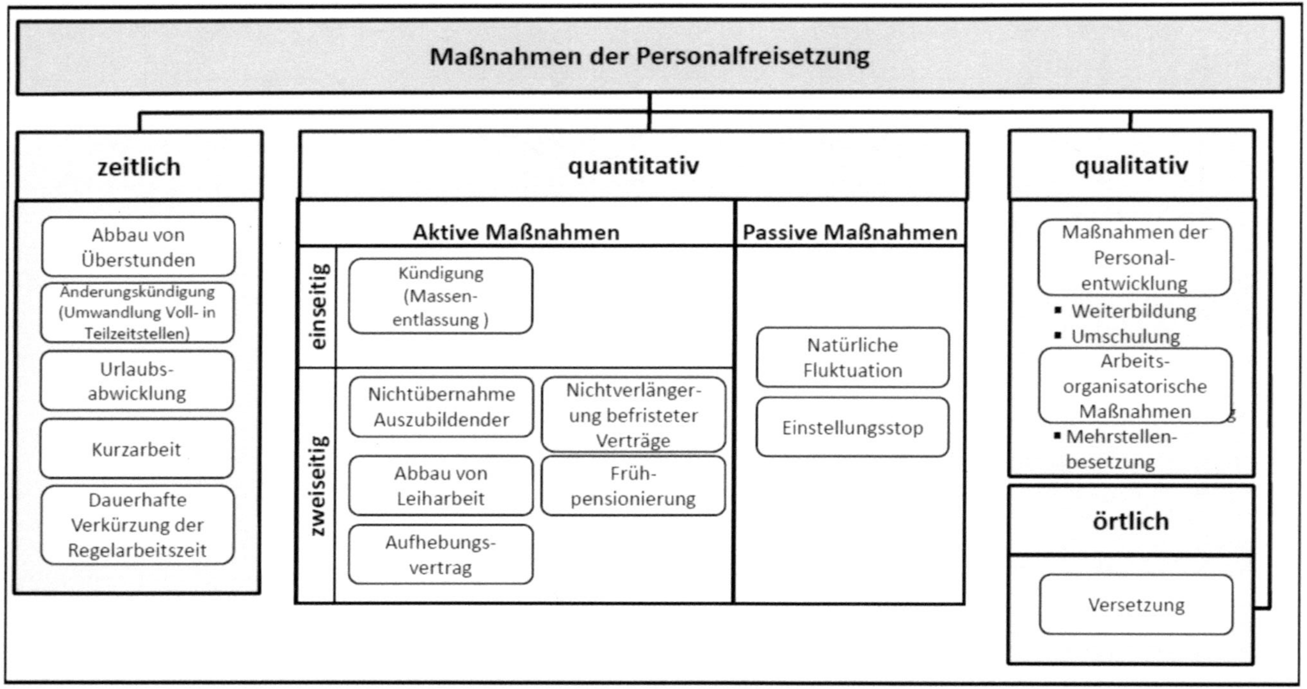

Abbildung 1: Instrumente der Personalfreisetzung

Eigene Darstellung mit Inhalten aus: Kammel(2003): Sp. 1349-1350 ; Marr / Steiner (2003):S.73 ; Jung(2005): S.318 ; Mag(1986): S.162.

Die *zeitlichen* Personalfreisetzungsmaßnahmen sind dadurch gekennzeichnet, dass die Beschäftigungskapazität im Unternehmen bei gleichbleibendem Personalbestand (also ohne die Beendigung bestehender Arbeitsverhältnisse) und konstanten Leistungsgraden alleine durch die Verringerung der Arbeitszeit reduziert wird. Durch den Abbau von Überstunden können Personalkosten reduziert werden, da Überstundenzuschläge entfallen. Durch die vom Unternehmer bewusst gestaltete Urlaubsplanung (z.B. Anordnung von Betriebsurlaub) kann kurzfristigen, zeitlich vorhersehbaren Beschäftigungsschwankungen entgegengewirkt werden. Die Umwandlung von Voll- in Teilzeitstellen durch Änderungskündigung stellt eine Arbeitszeitverkürzung für einzelne Arbeitnehmer auf den jeweiligen Arbeitsplätzen dar. Mit der Reduzierung der Arbeitszeit geht hierbei eine Reduzierung des Arbeitsentgelts einher. Eine dauerhafte Reduzierung der Regelarbeitszeit (z.B. Verkürzung der jährlichen Arbeitszeit) für alle AN ist nur durch Änderung der Tarifverträge oder durch Betriebsvereinbarungen möglich. Kurzarbeit beinhaltet die vorübergehende Verkürzung der betriebsüblichen Arbeitszeit als flexible zeitliche Anpassung an eine schwankende Personalauslastung.[24]

Qualitative Maßnahmen sind insofern für die Personalfreisetzung bedeutsam, um Arbeitskräfte für verschiedene Arbeitsplätze im Unternehmen verfügbar zu haben und verfügbar zu machen, weil sie dann durch hohe Einsatzflexibilität in einem anderen Unternehmensbereich weiter beschäftigt werden können. Diese Flexibilisierung des Personaleinsatzes kann erreicht werden durch Qualifizierung der Arbeitskräfte (z.B. Weiterbildung) oder durch arbeitsorganisatorische Maßnahmen (z.B. Arbeitserweiterung oder –bereicherung).[25]

Örtliche Maßnahmen beinhalten die Versetzung eines freizustellenden Mitarbeiters in einen anderen Unternehmensbereich (Kapazitätsverlagerung aus Überhang- in Bedarfsbereiche[26]), vorausgesetzt es besteht dort ein Personalbedarf und der Mitarbeiter verfügt über die nötige Qualifikation. Die örtlichen hängen somit eng mit den qualitativen Maßnahmen zusammen.[27]

Quantitative Maßnahmen sind mit einer Beendigung von Arbeitsverhältnissen und dementsprechend mit einer zahlenmäßigen Verringerung des Personalbestandes verbunden. Sie entsprechen dem weit verbreiteten Begriff des Personalabbaus. Aufgrund der Art des Zu-

[24] Vgl. Marr / Steiner (2003): S.86 ; Stockert (1987): S.12f. ; Mag (1986): S.164.
[25] Vgl. RKW (1996): S.225-228.
[26] Vgl. Marr (2003): S.13.
[27] Vgl. Kammel (2003): Sp.1350.

standekommens der Vertragsbeendigung erfolgt bei der Kategorisierung der Maßnahmen eine weitere Untergliederung. Dabei kann nach dem Kriterium unterschieden werden, ob mit der Reduzierung der Beschäftigungsverhältnisse eine „aktive" Beendigung bestehender Arbeitsbeziehungen verbunden ist oder ob die Zahl der Beschäftigungsverhältnisse durch „passive" Maßnahmen verringert wird.

Bei den *passiv quantitativen* Instrumenten verzichtet das Unternehmen auf Aktivitäten, die den Abbau der Personalkapazitäten explizit forcieren. Dies kann durch einen Einstellungsstop oder die Ausnutzung der natürlichen Fluktuation erfolgen. Vakante Stellen werden dabei per Einstellungsstopp nicht wieder besetzt.
Die andere Möglichkeit besteht in der Reduzierung der Beschäftigungsverhältnisse durch eine *aktive* Beendigung bestehender Arbeitsverhältnisse. Hinsichtlich der Art der damit verbundenen Vertragsbeendigung ist hier eine weitere Zweiteilung sinnvoll:
Bei der *einseitig aktiven* Form der quantitativen Personalfreisetzung kommt die Vertragsbeendigung durch eine einseitige Willenserklärung zustande. Zu diesem Bereich zählt die Kündigung (Entlassung).
Beim Abschluss von Aufhebungsverträgen oder bei Vorruhestandsregelungen wird vorab mit den betreffenden AN über die Beendigung des Beschäftigungsverhältnisses verhandelt und eine Willenserklärung von beiden Vertragsparteien ist erforderlich. Diese Maßnahmen zählen deshalb zu den *aktiv zweiseitigen* Maßnahmen. Bei den Instrumenten „Abbau von Leiharbeit", „Nicht-Verlängerung befristeter Verträge" und „Nichtübernahme von Auszubildenden" liegt bei Vertragsschluss bereits eine Einwilligung der Vertragsparteien vor, so dass diese ebenfalls diesem Bereich zugeordnet werden können.[28]
Die vorgenommene Kategorisierung der quantitativen Maßnahmen ist aus dem Grund sinnvoll, weil je nach Art der Beendigung des Beschäftigungsverhältnisses die sozialen und ökonomischen Folgen unterschiedlich zu bewerten sind. Vor allem jedoch greifen je nach Form unterschiedliche arbeitsrechtliche Regelungen, die den unternehmerischen Gestaltungsspielraum bei der Personalfreisetzung beeinflussen. Hinsichtlich der mit den Instrumenten verbundenen sozialen Folgen werden in der Literatur die Formen des quantitativen

[28] In Anlehnung an die Kategorisierung bei Marr / Steiner (2003): S.72f. und Kadel (1990): S.44.

Personalabbaus auch als „weiche“ (passive oder aktiv zweiseitige) oder „harte“ (aktiv einseitige) Abbauinstrumente bezeichnet.[29]
Nachdem der Begriff der Personalfreisetzung und die vielseitigen Handlungsalternativen nun inhaltlich dargestellt wurden, soll im Folgenden dessen Funktion im unternehmerischen Planungsprozess aufgezeigt werden. Dadurch lässt sich ein planerisches Vorgehen ermitteln, mit welchem situationsspezifisch geeignete Personalfreisetzungsmaßnahmen analysiert und zur Krisenbewältigung eingesetzt werden können.

2.3 Personalfreisetzung als Teil eines komplexen Planungsprozesses

MAG[30] definiert Planung als „[...] *gedankliche Vorbereitung (Vorstrukturierung) von Entscheidungen*“. Planung als Vorausdenken soll dabei die Konsequenzen späterer Handlungen vor der endgültigen Entscheidung offenlegen. Sieht man von einer einheitlichen Betrachtungsweise der betrieblichen Unternehmensplanung ab, so stellt die Gliederung in Funktionsbereiche einen geeigneten Ansatzpunkt für eine funktionale Einordnung der Personalfreisetzung in das Unternehmen dar. Demnach gliedert sich die betriebliche Planung z.B. in die Beschaffungs-, Produktions-, Vertriebs-, Finanz- und Personalplanung.[31] Da die Personalfreisetzungsplanung wiederum Teil der Personalplanung ist, soll zunächst deren Rolle innerhalb der Unternehmensplanung erörtert werden.

2.3.1 Personalplanung als Teil der Unternehmensplanung

Personalplanung wird definiert als „ *[...] gedankliche Vorstrukturierung von zielorientierten Entscheidungs- und Handlungsprogrammen in personellen Angelegenheiten, die auf der Basis von Antizipationen zukünftiger und damit auch ungewisser Zustände und Entwicklungen entworfen werden.*“[32] Die zukünftigen Zustände und Entwicklungen des Unternehmens als Basis der Personalplanung implizieren zum einen die starke Verflechtung zu den übrigen Unternehmensbereichen, zum anderen die Unsicherheit aufgrund der Prognose zukünftiger Ereignisse und Entwicklungen. Eine strategisch angelegte Steuerung des Per-

[29] Vgl. hierzu bspw. Kadel (1990): S.45 ; RKW (1996): S.205 ; Marr / Steiner (2003): S. 73f. oder Kammel (2005): S.17.
[30] Mag (1986): S.3.
[31] Vgl. einer ähnlichen Unterteilung z.B. bei Weber (1975): S.21.
[32] Mag (2003): Sp.1602.

sonalbestandes gestaltet sich aufgrund der eingeschränkten Planbarkeit und Prognose zukünftiger Ereignisse als äußerst schwierig.[33]
Personalplanung ist neben der Absatz-, Produktions-, Investitions-, Finanz-, Organisationsplanung (etc.) als gleichberechtigter Teil der Unternehmensplanung und somit als eigenständige Teilplanung innerhalb des unternehmerischen Managementsystems zu sehen.[34] Eigenständig soll hier jedoch nicht bedeuten, dass diese unabhängig von anderen Teilbereichen Entscheidungen trifft. Vielmehr ist die Personalplanung eingebettet in die übrigen Teilplanungen des Unternehmens und gestaltet diese mit.
Ohne im Rahmen dieser Untersuchung auf die genaue Rolle der Personalplanung innerhalb der Unternehmensplanung näher einzugehen[35] bleibt festzuhalten: Die Personalplanung bezieht aus den übrigen Teilplanungen ihre wesentlichen Anstöße bzw. Beeinflussungen und wirkt umgekehrt auch wieder auf die genannten Teilbereiche der Unternehmensplanung ein.[36] Strategische Zielsetzungen des Unternehmens sind mit dem Management von Humanressourcen zu verbinden, um z.B. auf Grundlage des vorhandenen Qualifikationspotentials des Personals die Arbeitsverrichtungen in der Produktionsplanung zu gestalten.[37] Vor allem jedoch weil aufgrund arbeitsrechtlicher Rahmenbedingungen Personalanpassungen erschwert oder bei kurzfristiger Betrachtung teilweise sogar unmöglich werden, hat die Personalplanung unmittelbare Auswirkungen auf die sonstigen Teilbereiche der Unternehmungsplanung.[38]
Personalplanung kann wiederum wie alle anderen Faktorplanungen im Unternehmen (z.B. Produktions- oder Finanzplanung) in eine Bedarfs- und in eine Deckungsplanung unterteilt werden. Personalbedarfsplanung stellt zusammen mit einer Personalbestandsanalyse als Ergebnis Art und Ausmaß eines bestehenden oder zukünftig zu erwartenden Personalmangels oder –überschusses fest. Ausgehend davon erfolgt in der Personaldeckungsplanung die Beseitigung dieses Mangels oder Überschusses anhand folgender Funktionen: Personalbeschaffungs-, Personaleinsatz-, Personalerhaltungs-, Personalentwicklungs- und Personal-

[33] Vgl. Kammel (2003): Sp.1344.
[34] Vgl. Mag (2003): Sp.1609 ; Wimmer (1985): S.16 ; Heinze (1982): S.16.
[35] Weiterführend hierzu: Weber (1975): S.21–24 ; RKW-Handbuch (1996): S.188 ; Mag (2003): Sp.1609-1610 m.w.N. .
[36] Vgl. Schneider (2008): S.13 ; Scholz (2000): S.90-93 ; Heinze (1982): S. 16.
[37] Vgl. hierzu weiterführend mit verschiedenen Management-Ansätzen Ridder (1994): S.44-48.
[38] Vgl. Kadel (1993): S.797.

freisetzungsplanung. Übergreifend kommt noch die Personalkostenplanung[39] hinzu, wodurch sich eine Gliederung der interdependenten Teilbereiche analog zu Abbildung 2 ergibt:

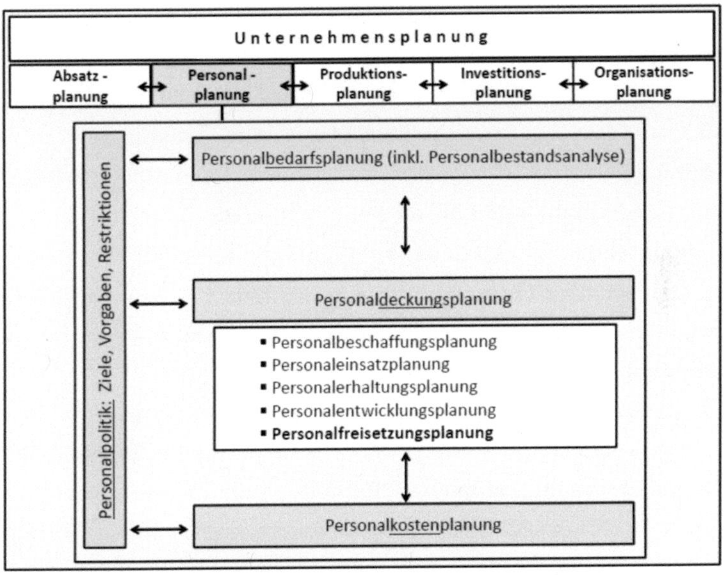

Abbildung 2: Teilbereiche der Personalplanung
Quelle: Eigene Darstellung in Anlehnung an Kadel (1990): S.24 ; RKW (1996):S.18.

Die in Abbildung 2: Teilbereiche der Personalplanung dargestellte Untergliederung nach Teilfunktionen bzw. Teilaufgabenbereichen stellt eine Möglichkeit unter mehreren dar, sie ist jedoch in der Literatur wie in der Praxis die Regel, da sie sich aus der Prozesslogik der Personalarbeit ergibt.[40]

2.3.2 Personalfreisetzungsplanung als Teilbereich der Personalplanung

Ausgehend von dieser Prozesslogik ist der Ausgangspunkt der Personalplanung die Personalbedarfsplanung: Hier erfolgt eine periodenbezogene Prognose des Soll-Personalbedarfes, der zur Erfüllung der Arbeitsaufgaben in quantitativer, qualitativer, zeitlicher und örtlicher Hinsicht erforderlich ist. Anhand einer Gegenüberstellung mit dem Ist-Personalbestand (Ergebnisse der Bestandsanalyse) ergibt sich eine personelle Überdeckung,

[39] Vgl. Untergliederung bei Mag (1986): S.8–9 und S.44–45 ; Wimmer (1985): S.17-18 ; Heinze (1982): S.16 ; Mag (2003): Sp.1603 – 1609 ; Kadel (2003): Sp.1358-1359.
[40] Vgl. Weber (1975): S.70-72 ; Scholz (2000): S.83-85.

Deckung oder Unterdeckung.[41] Ausgangspunkt der Überlegungen sind dabei die im Betrieb zu erfüllenden Aufgaben (hier wird wiederum die starke Interdependenz zur Absatz- und Produktionsplanung deutlich). Die Gesamtheit der daraus abgeleiteten Stellen ergibt den Bruttopersonalbedarf. Aus dem Vergleich von Bruttopersonalbedarf und tatsächlicher oder zu erwartender personeller Ausstattung wird der Nettopersonalbedarf als Differenz ermittelt.[42] Wenn der Saldo aus Personalbedarf und Personalbestand also negativ ist, ist dieser negative Nettopersonalbedarf als Personalüberhang zu sehen.[43] Ausgangspunkt für die Personalfreisetzungsplanung ist also das Ergebnis der Personalbedarfsplanung, welche wiederum eng mit der Produktions- und Absatzplanung verbunden ist.

Zwei wesentliche Aktionsparameter sind in solchen Fällen eines ermittelten Personalüberhanges zu nennen, um zu einer ökonomisch erwünschten Anpassung von betrieblichen Aufgaben und Personalbestand zu gelangen: Aufgabenausweitung (-1-) und/oder Beschäftigungsanpassung(-2-).

(1) Die Aufgaben können z.B. in Form von erweiterter Lagerhaltung, der Rücknahme von Fremdaufträgen oder dem Vorziehen von Reparatur- und Erneuerungsaufgaben ausgeweitet werden, um zusätzlich Personal zu binden. Diese Maßnahmen können durchaus als Instrumente der Personalfreisetzung gesehen werden[44], denn mit der Wahl des Aufgabenumfangs als Aktionsparameter werden die Aufgaben des Personalwesens keinesfalls überschritten.[45] Bei diesen vorzeitigen Vermeidungsstrategien handelt es sich um Elemente der Produktions- und Absatzplanung, die zunächst einmal außerhalb der Verantwortung des Personalbereichs liegen. Dabei zeigt sich deutlich die angesprochene Integration der Personalplanung in die Unternehmensplanung, wodurch diese nicht nur als abhängige Variable bzw. operative Umsetzung der Produktionsplanung gesehen werden kann: Vielmehr bestimmt die Personalplanung bei kurzfristig nicht zu beseitigenden Personalüberhängen auch die Produktionsplanung mit (indem etwa zur Vermeidung von Personalleerkosten auf Lager produziert wird).

(2) Sind solche Vermeidungsstrategien nicht möglich (z.B. wegen fehlenden technischen Voraussetzungen im Betrieb zur Rücknahme von Fremdaufträgen) oder kön-

[41] Vgl. Mag (2003): Sp.1604 ; Marr / Steiner (2003) : S.7. ; Wimmer (1985): S.17.
[42] Vgl. Weber (1975): S.74 ; Scholz (2000): S.547.
[43] Vgl. Drumm (2005): S.296 ; Kadel (1990): S.17.
[44] Vgl. beispielsweise Jung (2006): S.318–321.
[45] Vgl. anderer Ansicht: Weber (1975): S. 75 ; Wimmer (1986): S. 88

nen sie den Rückgang des Arbeitsumfangs nicht in vollem Umfang auffangen, so ist das Gleichgewicht zwischen Aufgaben und Mitarbeiterbestand über eine Variation der Beschäftigungsstruktur anzustreben. Dabei dient Personalfreisetzung dazu, personelle Überkapazitäten zu beseitigen, um ein gestörtes Gleichgewicht zwischen Leistungsbedarf und Leistungsangebot seitens der Mitarbeiter wieder herzustellen.[46] Im oben dargestellten Fall eines Personalüberhangs wird also die Planung der Personalfreisetzung als Teilbereich der Personaldeckungsplanung relevant.

Folgt man der Darstellung in Abbildung 2: Teilbereiche der Personalplanung, so soll auf die weiteren Teilbereiche der Personaldeckungsplanung nicht weiter eingegangen werden, da diese nicht den Schwerpunkt dieses Buches bilden. Personalkostenplanung ist übergreifend über die gesamte Personalplanung zu sehen und erfasst und steuert die personellen Aufwendungen.[47] Eine Personalfreisetzungsplanung erfolgt aber stets vor konkreten Zielsetzungen der Personalpolitik. Dies bildet den Gestaltungsrahmen der Personalfreisetzungsplanung und wird im Folgenden dargestellt.

2.4 Personalfreisetzung - Ein konfliktorientiertes Entscheidungsfeld

Betrachtet man als Aufgabe der Personalplanung, die Träger personalpolitischer Entscheidungen informationell in Personalangelegenheiten zu unterstützen (entscheidungsvorbereitende Funktion), also zielentsprechende Empfehlungen abzugeben, so ist die Zielsetzung für die Personalplanung und somit auch für die Planung der Personalfreisetzung von entscheidender Bedeutung.[48] Die Personalplanung setzt sich die Ziele nicht selbst. Bedingt durch deren entscheidungsvorbereitende und beratende Funktion folgt, dass sie ihre Ziele von der Institution beziehen muss, für die sie vorausdenkend tätig wird: Den Trägern der Personalpolitik.[49] Dazu zählen sowohl Vertreter der Unternehmensleitung (z.B. Planungsstäbe und Führungspositionen unterschiedlicher Hierarchieebenen, Personalleiter) als auch Arbeitnehmervertreter (z.B. der Betriebsrat), welche vor allem durch rechtliche Regelungen an Grundsatzentscheidungen zu beteiligen sind.[50]

Eine isolierte Betrachtung interner Personengruppen am Entscheidungsprozess ist hierbei jedoch nicht ausreichend, sondern das Unternehmen ist vielmehr als Koalition von internen

[46] Vgl. Marr / Steiner (2003): S. 7.
[47] Vgl. Wimmer (1985): S.18.
[48] Vgl. Mag (2003): Sp.1603.
[49] Vgl. Mag (1986): S.13.
[50] Vgl. hierzu die ausführlichen Darstellung der Träger der Personalplanung: Kadel (1990): S.38-43.

und externen Anspruchsgruppen zu verstehen. Die gesamte Problematik, die sich vor allem bei der Personalfreisetzung zeigt, basiert auf der Diskussion über die Ausrichtung der Unternehmensführung an Shareholder- und/oder Stakeholder-Interessen. Shareholder sind alle Anteilseigner bzw. Eigenkapitalgeber des Unternehmens (Eigentümer, Aktionäre etc.), die ihrerseits eine Mehrung des eingesetzten Kapitals für das übernommene wirtschaftliche Risiko beanspruchen und dementsprechende vorranginge Zielsetzungen verfolgen. Der Stakeholder-Begriff erweitert die Anspruchsgruppen und umfasst neben den Eigentümern und Anteilseignern selbst alle unternehmensinternen und -externen Personengruppen, die vom Unternehmenshandeln direkt oder indirekt betroffen sein können. Sie leisten einen Beitrag zum Unternehmen und stellen im Gegenzug an dieses Ansprüche. Es sind vor allem diese: Arbeitnehmer, Kunden, Lieferanten, Staat und die allgemeine Öffentlichkeit.[51]

Die Personalfreisetzung ist dabei ein Entscheidungsfeld, welches ein besonders hohes Maß an Konfliktpotential in sich birgt, denn in kaum einer anderen Planungssituation prallen die Interessen der verschiedenen Anspruchsgruppen in einem ähnlich starken Umfang aufeinander.[52] So werden bei nicht personellen Teilplanungen vor allem quantitative Zielgrößen aus überwiegend ökonomischen Gesichtspunkten bewertet: Produktionskosten in der Produktionsplanung, Verkaufspreise und Absatzmengen in der Absatzplanung oder Investitionssummen und Renditeerwartungen in der Investitionsplanung. Im Unterschied dazu hat die Personalfreisetzungsplanung ein besonderes Problemfeld der Mehrfachzielsetzung zu beachten. *Mag* spricht hierbei von einem „dualistischen Zielsystem“[53], *Kammel* von einem „konfliktärem Datenkranz“[54] bei der Entscheidungsfindung:

(1) Für die Eigentümer und Anteilseigner (Shareholder) stehen vor allem <u>ökonomische Zielgrößen</u> (z.B. Gewinnmaximierung, Kostenminimierung, Verzinsung des eingesetzten Kapitals oder Liquiditätssicherung) im Vordergrund.

(2) Die AN als interne Anspruchsgruppe stellen Forderungen an das Unternehmen, hinter denen <u>soziale Zielsetzungen</u> stehen (z.B. Arbeitsplatzsicherheit, leistungsgerechte Entlohnung oder motivierende Arbeitsbedingungen).[55]

---

[51] Vgl. ausführlich zum Shareholder- und Stakeholder-Ansatz sowie zu den unterschiedlichen Ansprüchen der jeweiligen Personengruppen: Wöhe / Döring (2005): S.65-70.
[52] Vgl. Marr / Steiner (2003): S.98 ; Hentze (1995): S.269.
[53] Mag (2003): Sp.1604.
[54] Kammel (2005): S.12.
[55] Vgl. Mag (2003): Sp.1604 ; Marr / Steiner (2003): S. 98f. ; Zur Verdeutlichung der unterschiedlichen Interessensschwerpunkte der gesellschaftlichen Gruppen bei der Personalplanung vgl. auch RKW (1996): S.4.

Darüber hinaus haben vor allem die allgemeine Öffentlichkeit bzw. der Staat als externe Anspruchsgruppe Interesse an der Personalfreisetzungsplanung im Unternehmen. Gesellschaftliche Belastungen (staatl. Arbeitslosenhilfe, Inanspruchnahme von Arbeitsgerichten etc.) durch unzureichend geplante oder vorschnelle Personalentscheidungen (z.B. vermeidbare Kündigungen) sollen vermieden und ein ausgewogenes Mächteverhältnis der Arbeitsvertragsparteien soll sichergestellt werden.[56] Dieses Interesse schlägt sich in einem umfangreichen Schutz der AN durch gesetzliche Regelungen nieder, von *Schmidt* auch als „Schutzschirm für AN" bezeichnet.[57] Im Rahmen dieser politisch-rechtlichen Kontextfaktoren sind Stichworte wie Wirtschafts- und Sozialpolitik, Mitbestimmungsgesetzgebung, Tarifrecht, Arbeitsrecht und speziell der Kündigungsschutz zu nennen, die den Handlungsspielraum des Unternehmers bei der Personalfreisetzung wesentlich beeinflussen. Rein betriebswirtschaftlichen Zielen der Shareholder stehen zusätzlich soziale Überlegungen hinsichtlich gesellschaftlichen Wertewandels, Unternehmenskultur, Betriebsklima, Arbeitszufriedenheit, Corporate Identity, gesellschaftlicher Verantwortung der Unternehmen, ethisch vertretbare Personalpolitik oder ein nachhaltiges Personalimage auf dem Arbeitsmarkt gegenüber. Die Personalpolitik und die strategische Ausrichtung der Personalstruktur erfolgen also meist vor dem Hintergrund konfligierender Zielsetzungen.[58] Wirtschaftliche sind mit sozialen Zielen innerhalb eines rechtlichen Rahmens miteinander zu vereinbaren. Dieses Spannungsfeld kann leicht zu Zielkonflikten führen, wenn die Mehrerfüllung des wirtschaftlichen Ziels mit einer Mindererfüllung des sozialen Ziels und umgekehrt verbunden ist (Zielkonkurrenz). Insbesondere das Personalmanagement nimmt in dieser Konstellation unterschiedlicher Interessensgruppen eine multiple Rolle zwischen Arbeitgeber- und Arbeitnehmerinteressen im Rahmen strikter rechtlicher Regelungen im Umgang mit Personal ein.[59] Insbesondere in Krisenzeiten ist eine Verschärfung des Spannungsfeldes zwischen Ökonomie und unternehmerischer, aber sozial engagierter Mitarbeiterpolitik in Unternehmen zu erwarten. Angesichts rückläufiger Absatzquoten, steigenden Kostendrucks und akuter Existenzbedrohung als wesentliche Merkmale einer Unternehmenskrise scheint eine Berücksichtigung der Mitarbeiterinteressen mit den notwendigen Kostenreduzierungen des

---

[56] Eine Sicherstellung sozialer Gerechtigkeit für schutzwürdige Stakeholder-Interessen als Zielsetzung; vgl. Wöhe / Döring (2005): S.69.
[57] Vgl. Schmidt (2009)
[58] Vgl. Kammel (2005): S.12f. ; Kammel (2003): Sp.1347 ; Kadel (1990): S.42f. .
[59] Vgl. ausführlich hierzu Krüger (2005a): S.20f. oder Scholz (1994): S.15–30.

Unternehmens schwer vereinbar zu sein.[60] Ein planerisches Vorgehen im Umgang mit personellen Überkapazitäten stellt daher allein schon aus der oben aufgezeigten Komplexität eine zentrale Aufgabe der Unternehmensleitung dar und kann zu einer gemeinsamen Entscheidungsfindung unter dem Gesichtspunkt des Interessensausgleichs der verschiedenen Akteure beitragen. Resultierend aus dem dargestellten Konfliktpotential lässt sich folgendes strategische Oberziel für die Personalfreisetzung (und speziell für die Bewertung von Maßnahmen) ableiten:

Ein folgeminimales Personalfreisetzungsmanagement in Form eines Interessensausgleichs unterschiedlicher Anspruchsgruppen zur Sicherung der Überlebensfähigkeit des Unternehmens.[61]

Dabei sind vor allem der Erhalt einer leistungsfähigen Personalstruktur und die Vermeidung von Know-How-Abfluss bei gleichzeitiger spürbarer Kostenentlastung für die Sicherung der Überlebensfähigkeit von zentraler Bedeutung.[62] Aus diesem Oberziel lassen sich situationsspezifische operationalisierte Zielsetzungen für die Maßnahmenplanung der Personalfreisetzung ableiten. Da diese jedoch eng mit der Ursache bzw. dem Auslöser für Personalfreisetzungen zusammenhängen, wird auf diese Ziele im Anschluss an die Darstellung der möglichen Ursachen in Abschnitt 3.2 eingegangen.

Zur Veranschaulichung des komplexen Entscheidungsfeldes der Personalfreisetzung sind in *Anhang A* oben angeführte Einflussgrößen in Form einer Abbildung zum konfliktorientierten Ansatz nach *Marr und Stitzel* zusammengefasst. Im folgenden Abschnitt soll nun aufgezeigt werden, wie die Personalfreisetzung planerisch gestaltet werden kann, um Maßnahmen zu ermitteln, welche für die Beseitigung der Personalüberhänge unter Beachtung des definierten strategischen Oberziels am geeignetsten sind.

2.5 Gegenstand und Prozess der Personalfreisetzungsplanung

Die Planung der Personalfreisetzung wird in der wissenschaftlichen Literatur erst seit Mitte der siebziger Jahre als eigener Teilbereich der Personalplanung diskutiert. Bis dahin wurde hinsichtlich des damals vorherrschenden Arbeitskräftemangels in der BRD die Freisetzungsplanung nicht problematisiert, da vielmehr die Teilbereiche Personalbeschaffung bzw.

---

[60] Vgl. Nagel (1994): S.156.
[61] In Anlehnung an Marr / Steiner (2003): S.100f. .
[62] Vgl. Hille (1994): Rn.20 ; Marr / Steiner (2003): S. 107-109.

Personaldeckung die zentralen Problemfelder der Personalplanung darstellten. Diesbezüglich hat sich sowohl in der wissenschaftlichen Auseinandersetzung als auch in der Praxis ein Problemstellungswechsel vollzogen: Überproportional wachsende Personalgrund- und Personalnebenkosten sowie ein gebremstes gesamtwirtschaftliches Wachstum im In- und Ausland sind nur zwei Gründe unter vielen, die zu einem verminderten Arbeitskräftebedarf geführt haben.[63] Aber auch weil Gesetze und tarifvertragliche Vereinbarungen den Handlungsspielraum für Unternehmen zunehmend beeinflussen, hat sich die Planung der Personalfreisetzung zu einem zentralen Problemfeld der Personalplanung entwickelt. Vor allem im Hinblick auf das dargestellte Spannungsfeld im Entscheidungsprozess ist ein planerisches Vorgehen für eine effiziente Gestaltung des Personalfreisetzungsprozesses notwendig. Dazu schafft eine fundierte Personalfreisetzungsplanung Abhilfe.

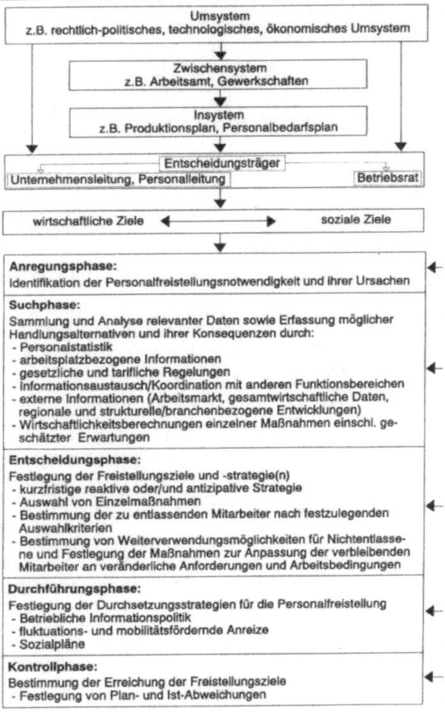

Abbildung 3: Phasen der Personalfreisetzungsplanung
Quelle: Hentze (1995): S.290.

Die Personalfreisetzungsplanung beinhaltet die planerische Erfassung aller Aktivitäten zur Beseitigung und Vermeidung von quantitativen, qualitativen, örtlich und zeitlich bedingten Personalüberschüssen. Sie hat den Einsatz von Instrumenten zu planen, der personelle Überschüsse beseitigt bzw. gar nicht erst entstehen lässt.[64] Der Prozess eines planerischen Vorgehens kann systematisch in mehrere Phasen unterteilt werden, die in enger sachlicher

[63] Zur Entwicklung der Bedeutung der Personalfreistellungsplanung vgl. Mag (1986): S. 151-152 ; Kadel (1990): S.19 m.w.N.
[64] Vgl. Kadel (1990): S.23 ; Mag (2003): Sp.1607.

und zeitlicher Beziehung zueinander stehen. Diese sind namentlich und inhaltlich in Abbildung 3 dargestellt.

Ausgangspunkt für die Planung geeigneter Personalfreisetzungsmaßnahmen sind die in der *Anregungsphase* analysierten Ursachen, die voraussichtliche Entwicklung (Dauer) und der Zeitpunkt des erwarteten Eintritts des Personalüberhanges.[65] Ursachen, die Personalfreisetzungsmaßnahmen notwendig machen, können vielseitig sein und haben unterschiedliche Auswirkungen auf die Planbarkeit und die Eignung der einzelnen Maßnahmen. Auf Basis der zugrunde liegende Ursache lassen sich operationalisierte Zielsetzungen unter Beachtung des bereits definierten Oberziels der Personalfreisetzung ableiten.

Die Anregungsphase ist sachlich und zeitlich eng gekoppelt an die *Suchphase,* wo zunächst relevante Daten für die darauffolgende Bewertung von Handlungsalternativen zusammengetragen und analysiert werden. Zu diesen, in der Literatur als „informatorische Voraussetzungen“[66] bezeichneten Daten der Personalfreisetzung zählen insbesondere folgende: Fortlaufende Analysen der gesamtwirtschaftlichen und internationalen Entwicklung (vor allem bei Export-Unternehmen), der branchenspezifischen technisch-organisatorischen Veränderungen, der unternehmensinternen Daten aus den einzelnen Teilbereichen (z.B. Auftragseingänge in der Produktion) sowie der Entwicklungen am Arbeitsmarkt. Diese dienen als Indikatoren, Freisetzungsursachen frühzeitig wahrzunehmen und deren zeitlichen Rahmen abzuschätzen.[67] Ein für die Freisetzungsplanung unerlässliches organisatorisches Hilfsmittel ist die Personalstatistik bzw. ein umfassendes Personalinformationssystem im Unternehmen, wo Stellenpläne, Stellenbeschreibungen, Daten zur Beschäftigungsstruktur (Qualifikation, Alter etc.) oder Fluktuationsstatistiken wichtige Informationen für die Eignung von Personalfreisetzungsinstrumenten liefern.[68] Auf Basis dieser Analyse (die als Sonderform der Personalbedarfsermittlung zu sehen ist[69]) kann die eigentliche Personalfreisetzungsplanung in der Suchphase ansetzen: Die Erfassung und Bewertung von Handlungsalternativen zur Begegnung des verminderten Personalbedarfs.

Eine Analyse gesetzlicher und tariflicher Voraussetzungen ist dabei in Verbindung mit Wirtschaftlichkeitsberechnungen und Folgewirkungen für jede Maßnahme vorab durchzu-

[65] Vgl. Hentze (1995): S.289.
[66] Vgl. bspw. Kadel (2003): Sp.1362 oder RKW (1996): S.189.
[67] Vgl. RKW (1996): S.189f. ; Jung (2006): S.315.
[68] Vgl. Jung (2006): S.316 ; Drumm (2005): S.301f. ; Kammel (2003): Sp.1347f. ; Kadel (2003): Sp.1362 ; RKW (1996): S.191f. .
[69] Vgl. Kadel (2003): Sp.1361.

führen. Denn diese beeinflussen einzelne Maßnahmen wesentlich dahingehend, ob sie einen Beitrag zur Lösung der zugrunde liegende Freisetzungsursache leisten können. An dieser Phase setzt der weitere Verlauf dieser Untersuchung an: Nach Darstellung der Wirtschafts- und Finanzkrise als zugrunde liegende Ursache soll darauf aufbauend eine Maßnahmenanalyse der betriebsbedingten Kündigung und der Kurzarbeit erfolgen. Aus dem Ergebnis dieser vor allem nach rechtlichen Gesichtspunkten durchgeführten Maßnahmenanalyse in der Suchphase lassen sich dann geeignete Maßnahmenstrategien für eine Bewältigung des Personalüberhangs in der Entscheidungsphase ableiten. Eine isolierte rechtliche Betrachtung wird dabei durch betriebswirtschaftliche Aspekte (die sich größtenteils aufgrund rechtlicher Regelungen ergeben) abgerundet.

2.6 Beurteilungskriterien für eine Maßnahmenanalyse

Zur Bewertung der Zielerreichung und der allgemeinen Eignung der Maßnahmen eignen sich folgende Beurteilungs- oder Effizienzkriterien, nach denen die einzelnen Maßnahmen zu bewerten sind:

- Anpassungspotential der Maßnahme in quantitativer und qualitativer Hinsicht i.S.d. möglichen Volumens der Personalreduktion. Es ist zu beurteilen, in welcher Größenordnung ein Instrument das vorgefundene personelle Ausgangsproblem lösen kann.[70] Es geht also um die Frage, ob die ermittelten Personalreduktionsvolumen mit der Maßnahme erreicht werden können (z.B. Abbauquoten zur Senkung der Personalkapazität, Personalkostensenkung in gewünschtem Ausmaß etc.).[71]
- Fristigkeit und Dauer (wann und wie lange?): Zum einen ist entscheidend, wie schnell die jeweilige Maßnahme realisierbar ist, also bspw. wann diese zur Senkung der Personalkosten führt (z.B. wegen Kündigungsfristen oder Mitbestimmungsrechten des Betriebsrats). Zum anderen ist der Wirkungszeitraum von Bedeutung, also wie lange der Personalüberschuss durch die Maßnahme beseitigt werden kann.[72]
- Steuer- und Planbarkeit / Reversibilität: Inwiefern kann durch die Maßnahme an der Stelle Personal freigesetzt werden, an der Personalüberkapazität besteht („Scharfschütze oder Schrotflinte")?[73] Dabei sind wiederum rechtliche Regelungen maßge-

[70] Vgl. Gaugler (1994): S.10 ; RKW (1996): S.203 ; Seisl (1998): S.51 ; Kammel (2005): S.17.
[71] Vgl. Marr / Steiner (2003): S.104.
[72] Vgl. Gaugler (1994): S.10 ; RKW (1996): S.202f. ; Seisl (1998): S.51 ; Kammel (2005): S.17.
[73] Vgl. hierzu Marr / Steiner (2003): S.104 m.w.N. .

bend. Im Hinblick auf die Steuer- und Planbarkeit ist auch zu berücksichtigen, inwieweit die Durchführung und der Umfang der Freisetzung vorab planbar sind. Die verfügbare Autonomie bei der Planung und Umsetzung ist dabei ein Kriterium, nach dem auf mögliche Widerstände der Betroffenen (z.B. Nicht-Annahme von Aufhebungsverträgen[74]) oder der Verhinderung von Know-How-Abfluss geschlossen werden kann. Auch die Reversibilität, also die Möglichkeit der Rückgängigmachung (z.B. nach Überwindung der Unternehmenskrise) ist als Beurteilungskriterium im Hinblick auf die Planbarkeit heranzuziehen.[75]

- Praktische Umsetzbarkeit der Maßnahme: Hier sind situative Faktoren wie die Größe und die Macht des Unternehmens, die innerbetriebliche Stellung des Betriebsrates oder der Ausbau der Personalplanung im Unternehmen, aber vor allem generelle rechtliche Größen (z.B. gesetzliche Mitsprache- / Mitbestimmungsrechte, Kündigungsschutzregelungen) entscheidend für den Erfolg der Implementierung einer Maßnahme.[76]
- Kosten der Personalfreisetzung: Zum einen sind dabei die direkten Freisetzungskosten wie z.B. Sozialplanzahlungen, Abfindungen, Outplacement-Beratung, Gerichtsverfahren etc. mit in die Entscheidung einzubeziehen. Darüber hinaus sind jedoch auch schwer quantifizier- und abschätzbare Folgekosten wie zunehmender Absentismus, Fluktuation, Produktionsengpässe, Imageverluste, Betriebsklima, gestörte Informationsflüsse, Wissensverluste oder eine Veränderung der Leistungsfähigkeit der AN ebenfalls von Bedeutung. Zudem sind die Kosten für eine eventuelle Rückgängigmachung zu beachten. Hier setzt wiederum die Planbarkeit als Kriterium an.[77]
- Auswirkungen auf die direkt Betroffenen: Neben den eben genannten, eher ökonomisch orientierten Effizienzaspekten von Freisetzungsmaßnahmen sind auch die jeweiligen sozialen Auswirkungen auf die direkt betroffenen zu berücksichtigen. Hier geht es vor allem um die Beurteilung der wahrgenommenen „Härte" der Maßnahme

[74] Vgl. hierzu das Beispiel bei Hille (1994): Rn.17.
[75] Vgl. Gaugler (1994): S.10 ; Seisl (1998): S.51 ; Kammel (2005): S.17.
[76] Vgl. Seisl (1998): S.51f. .
[77] Vgl. Gaugler (1994): S.10 ; Hille (1994): Rn.16 ; RKW (1996): S. 203 ; Seisl (1998): S.52 ; Marr / Steiner (2003): S. 107-109 ; Kammel (2005): S.18.

aus der Sicht der Betroffenen, wobei nicht nur Folgewirkungen auf ausscheidende, sondern auch auf verbleibende Mitarbeiter zu beachten sind.[78]

- Legitimierbarkeit / Öffentlichkeitswirkung: Neben den direkt betroffenen Mitarbeitern sind Folgewirkungen auch hinsichtlich weiterer Interessensgruppen in die Bewertung von Maßnahmen einzubeziehen. Zum einen spielt dabei die Legitimierbarkeit der Maßnahme geg. der Arbeitnehmervertretung eine Rolle (Akzeptanz des Betriebsrats).[79] Zum anderen sind im Rahmen des aufgezeigten Stakeholder-Konzeptes auch Auswirkungen auf weitere Anspruchsgruppen in die Beurteilung einzelner Maßnahmen einzubeziehen. Dementsprechend sind bspw. Folgewirkungen auf zukünftige bzw. potentielle Bewerber, also auf das Image des Unternehmens auf dem externen Arbeitsmarkt von Bedeutung. Darüber hinaus ergeben sich Folgeerscheinungen auch auf die Kundenbeziehungen, wobei neben der zeitlichen, kostentechnischen und qualitativen Effizienz auch Faktoren wie Vertrauen oder persönliche Nähe zu den Betroffenen (z.B. durch den Verlust des gewohnten Ansprechpartners) mit in die Bewertung einzubeziehen sind. Auch Beziehungen zu Anteilseignern, Investoren und Kreditgebern, zur Presse und Öffentlichkeit, zu Gewerkschaften und Arbeitgeberverbänden können vielseitig sein.

Eine Bewertung von Maßnahmen nach den eben definierten Beurteilungskriterien wird in der Praxis stets aus der Sicht der jeweiligen Unternehmenssituation heraus vorgenommen. Situative Rahmenbedingungen des jeweiligen Unternehmens fließen dabei in die Bewertung mit ein. Zu den Merkmalen der Unternehmenssituation zählen bspw. die Unternehmensstruktur (Unternehmensgröße, hierarchischer Aufbau, Beschäftigungsstruktur etc.), das Unternehmensumfeld (Branchensituation, Beziehungen zu Gewerkschaften, Rolle der Unternehmung in der öffentlichen Wahrnehmung) sowie die Veränderungen im Unternehmen (Ertragslage, laufende Restrukturierungsprogramme etc.). Der Personalfreisetzungskontext ist deshalb immer aus der individuellen Sicht des betroffenen Unternehmens heraus zu beurteilen. Gefordert sind also stets situationsspezifische Sichtweisen.[80] Im Rahmen dieser Untersuchung kann also nur eine allgemeinbezogene Bewertung der Maßnahmen auf die zugrunde liegende Wirtschafts- und Finanzkrise vorgenommen werden. Vor allem der

[78] Vgl. Seisl (1998): S.52 ; Marr / Steiner (2003): S. 109f. .
[79] Vgl. hierzu Gaugler (1994): S. 10 ; RKW (1996): S. 204 ; Seisl (1998): S.52.
[80] Vgl. Kammel (2005): S.13.

rechtliche Einfluss auf die Personalfreisetzungsplanung kann aber weitgehend unabhängig von der Unternehmenssituation heraus beurteilt werden.

2.7 Zusammenfassung und weiteres Vorgehen

Im vorangegangenen Kapitel wurde eine Beschreibung des „State-of-the-art" zum Problemfeld der Personalfreisetzung vorgenommen. Durch eine inhaltliche Beschreibung der Personalfreisetzung konnte aufgezeigt werden, dass eine Reduzierung von Personalüberhängen nicht zwangsläufig mit Personalabbau verbunden sein muss, sondern dass neben quantitativen auch zeitliche, örtliche und qualitative Möglichkeiten bestehen, Personal im Unternehmen einem verringerten Personalbedarf anzupassen. Zudem wurde aufgezeigt, dass es sich bei der Personalfreisetzung um ein komplexes Managementfeld mit vielseitigen Einflüssen unterschiedlicher Anspruchsgruppen handelt. So konnte durch eine Einordnung der Personalfreisetzung in die gesamtunternehmerische Planung die starke Verflechtung wirtschaftlicher, sozialer und arbeitsrechtlicher Aspekte aufgezeigt werden.

Dabei handelt es sich um ein Spannungsfeld, denn Personalfreisetzungen finden unter Zielkonflikten möglichst geringer Kosten, möglichst geringer sozialer Härten und einer Verhinderung nachteiliger Wirkungen für das Unternehmen als Ganzes statt.[81] Folglich konnte ein folgenminimales Personalfreisetzungsmanagement in Form eines Interessensausgleichs unterschiedlicher Anspruchsgruppen zur Sicherung der Überlebensfähigkeit des Unternehmens als strategisches Oberziel abgeleitet werden. Zur Erreichung dieses Zieles und zur Handhabung der vielseitigen Einflussfaktoren ist ein systematischer planerischer Vorgang bei der Personalfreisetzung erforderlich.

Die dargestellte Phasenunterteilung der Personalfreisetzungsplanung zeigt, dass die zugrunde liegende Ursache des Freisetzungsbedarfes Ausgangspunkt für die Dauer und die Entwicklung eines Personalüberhanges ist und dementsprechend auch die Eignung von Instrumenten beeinflusst. Die Ursachen können vielseitig sein und sind hinsichtlich der Planbarkeit und mit Blickrichtung auf die Auswahl geeigneter Personalfreisetzungsinstrumente differenziert zu betrachten. So haben die unterschiedlichen Ursachen auch unterschiedliche Auswirkungen auf den Personalbedarf und somit auf die Personalfreisetzung. Dementsprechend sind auch die konkreten Zielsetzungen für die Bewertung von Handlungsalternativen abhängig von der zugrunde liegenden Ursache.

---

[81] Vgl. Kammel (2005): S.16.

Entsprechend der Themenstellung dieses Buches ist die zugrunde liegende Ursache, nach der vor allem aus arbeitsrechtlicher Sicht vorrangige Instrumente analysiert werden, die Wirtschafts- und Finanzkrise. Diese wird im Folgenden als Grundlage für eine ursachenspezifische Bewertung der Kündigung und Kurzarbeit analysiert.

3. PERSONALFREISETZUNG VOR DEM HINTERGRUND DER FINANZ- UND WIRTSCHAFTSKRISE

3.1 Allgemeine Ursachen und Auslöser für Personalfreisetzungsprozesse

Analog zum aufgezeigten Phasenschema der Personalfreisetzungsplanung ist die Analyse des den Personalüberhang verursachenden Anlaßes und eine damit einhergehende Prognose der Dauer und des Ausmaßes der Ursache Ausgangspunkt für die betriebsspezifische Entscheidungsfindung. Denn es ist zu vermuten, dass bei Vorliegen bestimmter Anlässe ganz bestimmte Maßnahmen ergriffen oder unterlassen werden müssen.[82] Zudem beeinflusst die zugrunde liegende Ursache auch die Wahrnehmung der AN und Arbeitnehmervertreter bezüglich der Notwendigkeit und Gerechtigkeit von Freisetzungsprozessen.[83] Die Anlässe können vielfältig sein und werden in der wissenschaftlichen Auseinandersetzung wiederum unterschiedlich Kategorisiert.[84] Eine Unterteilung in Anlehnung an *Mag* in unternehmensinterne und unternehmensexterne Anläße erscheint für die weitere Auswahl geeigneter Freisetzungsinstrumente sinnvoll, da erstere eher zu den geplanten und vom Unternehmen selbst gestalteten, letztere eher zu den ungeplanten und ungewollten Auslösern von Personalüberhängen zu zählen sind.[85] Der Vollständigkeit halber seien hier noch die mitarbeiterbezogenen bzw. individuellen Ursachen[86] für Personalfreisetzungen genannt (wie z.B. Fehlverhalten oder Leistungsdefizit eines Mitarbeiters). Da es sich hierbei jedoch um einzelfallbezogene Anlässe für Freisetzungsmaßnahmen handelt, ist dieser Aspekt unter Berücksichtigung eines auf wirtschaftlichen Gründen beruhenden betrieblichen Freisetzungsbedarfs für den weiteren Verlauf dieser Studie nicht relevant und soll deshalb nur als Ergänzung dienen. Die verschiedenen Ursachen lassen sich folgendermaßen zusammenfassen:[87]

---

[82] Vgl. Mag (1986): S.153 ; RKW (1996): S.202f. .
[83] Vgl. Marr / Steiner (2003): S.123.
[84] Vgl. hierzu Kadel (1990): S.35 oder Seisl (1998): S.42-47 m.w.N. .
[85] Vgl. Mag (1986): S.153 ; vgl. auch Jung (2006): S.314f. .
[86] Vgl. Kammel (2003): Sp.1346 ; Jung (2006): S.315.
[87] Die Folgenden Abschnitte 3.1.1 und 3.1.2 richten sich nach den in der wissenschaftlichen Auseinandersetzung weitgehend analogen Ausführungen in: Gaugler (1974): S. 208f. ; Mag (1986): S.153f. ; Marr / Steiner / Schloderer (1998): S. 13f. ; Seisl (1998): S.42-47 ; Kammel (2003): Sp.1345f. ; Drumm (2005): S.297 ; Jung (2005): S.314f. .

3.1.1 Unternehmensinterne Ursachen

Als organisationsendogene Ursachen sind vor allem *Rationalisierungs-* und *Reorganisationsmaßnahmen* als Antwort auf Innovationen, erhöhten Wettbewerbsdruck oder einer sich verschlechternden wirtschaftlichen Situation des Unternehmens zu zählen. Mit dem Ziel, die Zuordnung von Teilaufgaben, Personen und Sachressourcen effektiver auszugestalten führt eine Änderung der Aufbau- und Ablauforganisation zu einem Freisetzungsbedarf, z.B. wenn durch Automatisierung die menschliche Arbeitskraft durch Maschinen ersetzt wird oder durch die „Weg-Rationalisierung" einer Hierarchieebene Stellen gestrichen werden (organisatorische Rationalisierung, z.B. Lean Management). Ein dauerhafter Personalüberhang aufgrund weggefallener Beschäftigungsmöglichkeiten ist die Folge.
Im Zuge der oben genannten Maßnahmen können auch *Standortverlagerungen* von Betrieben oder Betriebsteilen (z.B. aufgrund geringerer Lohnkosten und Abgaben, umfassender Infrastruktur oder geringeren Umweltauflagen) die Folge von Rationalisierungs- und Reorganisationsmaßnahmen sein.
Auch die *Stilllegung von Betrieben oder Betriebsteilen*, die sowohl geplant (z.B. Betriebsschließungen durch Erschöpfung der nat. Ressourcen wie im Bergbau) als auch ungeplant (z.B. Betriebsvernichtung wegen Naturkatastrophe) sein kann, ist zu den unternehmensinternen Ursachen zu zählen.
Schließlich können auch *Managementfehler*, wie z.B. Fehlplanungen in der Produktion oder in der Personalbedarfsplanung selbst zu Personalfreisetzungsmaßnahmen führen.

Abgesehen von Managementfehlern oder ungeplanten Betriebsvernichtungen sind die hier genannten organisationsendogenen Ursachen längerfristig absehbar und damit planbar. Sie werden vom Unternehmen bewusst gestaltet (z.B. Abbau von Hierarchiestufen) und ermöglichen eine vorausschauende, antizipative Personalfreisetzungsplanung. Die Freisetzungsnotwendigkeit kann frühzeitig prognostiziert und dem resultierenden Personalüberhang mit geeigneten Maßnahmen begegnet werden.

3.1.2 Unternehmensexterne Ursachen

Bei organisationsexogenen Ursachen ist diese Vorhersehbarkeit von den unterschiedlichen Auslösern abhängig. Allgemein haben sich bei unternehmensexternen Ursachen die Umweltbedingungen des Marktes so geändert, dass das Leistungsangebot des Unternehmens nicht mehr mit der Nachfrage auf dem Markt übereinstimmt. Es kommt also aufgrund von gesamtwirtschaftlichen Absatzrückgängen zu Anpassungen der Produktion, somit zu Beschäftigungsmangel und damit zu einem verminderten Personalbedarf. Der Handlungsspielraum des Unternehmens hängt dabei stark von der Art, der Dauer und dem Ausmaß des Absatzrückganges ab. Dabei zeigen konjunkturelle Krisen gesamtwirtschaftliche Schwächen in der wirtschaftlichen Entwicklung, die im allgemeinen vorübergehender Natur sind. Branchenkrisen können konjunkturelle oder strukturelle Ursachen besitzen, wobei mit besonderen Schwierigkeiten zu rechnen ist wenn sich beide Ursachen überlagern. Für das Personalmanagement und vor allem für die Maßnahmenplanung der Personalfreisetzung ist es von Bedeutung, ob die Rezessionsphase ohne Aufschwungerwartungen oder mit Anzeichen für positive Entwicklungstendenzen abläuft.[88]

Bei *Saisonalen Schwankungen* ist der Absatzrückgang von der zeitlichen Dauer absehbar und vorab planbar, eine Planung daher leicht möglich. Bei *strukturellen Veränderungen* (z.B. aufgrund sich veränderter Bedarfslage) oder bei *konjunkturellem Abschwung* ist der Absatzrückgang allenfalls kurzfristig vorhersehbar und dessen Dauer ungewiss, so dass sich besondere Schwierigkeiten bei der Planung ergeben. Denn diese Ursachen lassen sich selbst bei antizipativer Personalfreisetzungsplanung nur bedingt prognostizieren. Eine Vermeidung von Personalüberhängen ist deshalb kaum möglich, sondern es geht vielmehr um dessen kurzfristig zu realisierende Beseitigung.

3.2 Zielsetzungen hinter Personalfreisetzungsentscheidungen

Abhängig von der zugrunde liegenden Ursache ergeben sich unterschiedliche operationalisierte Zielsetzungen einer Personalfreisetzungsplanung. Diese sind deshalb von Bedeutung, da der Erfolg einer Maßnahme an dessen Beitrag zur Zielerreichung gemessen wird.[89]
In Abschnitt 2.4 wurde als strategisches Oberziel bereits ein folgeminimales Personalfreisetzungsmanagement in Form eines Interessensausgleichs verschiedener Anspruchsgruppen zur Sicherung der Überlebensfähigkeit des Unternehmens definiert. Nun sollen die Ergebnisse der Studie von *Marr / Steiner / Schloderer* als Darstellung möglicher operationalisierter Einzelziele der Personalfreisetzung dienen:

[88] Vgl. Gaugler (1994): S.2.
[89] Vgl. Marr / Steiner (2003): S.148.

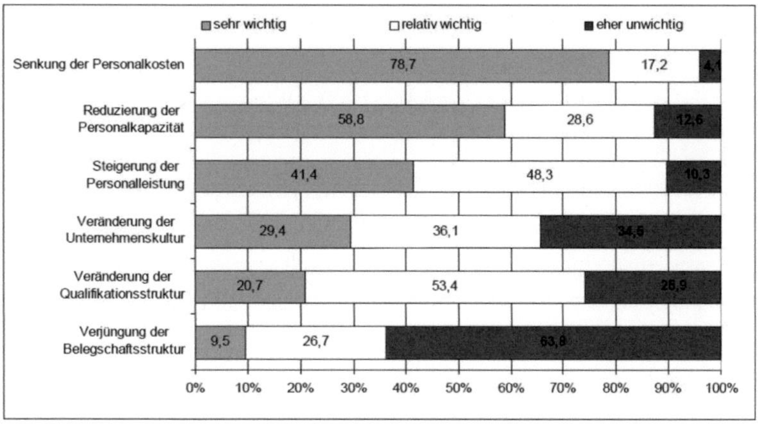

Abbildung 4: Einzelziele der Personalfreisetzung
Quelle: Marr / Steiner / Schloderer (1998): S.15.

Als die drei wichtigsten Einzelziele nannten demnach die befragten Unternehmen die Senkung der Personalkosten, die Reduzierung der Personalkapazität sowie die Steigerung der Personalleistung. Insgesamt lassen sich daraus drei generelle Zielorientierungen ableiten, die bei einer Personalfreisetzung unter gleichzeitiger Berücksichtigung des strategischen Oberziels verfolgt werden:

(1) Die *klassische Kostenorientierung* mit dem Ziel einer Senkung der Personalkosten durch Kapazitätsreduzierung.
(2) Die *Produktivitätserhöhung* zur Steigerung der Personalleistung und zur produktivitätsorientierten Veränderung der Unternehmenskultur.
(3) *Veränderungsorientierung*, um eine Verjüngung der Belegschaftsstruktur und eine Veränderung der Qualifikationsstruktur zu erreichen.[90]

Die Ursache als Ausgangspunkt ist dabei maßgebend für die entsprechenden Zielsetzungen der Personalfreisetzung. So stehen beispielsweise bei Reorganisationsmaßnahmen eher Produktivitätssteigernde Ziele im Vordergrund, wohingegen bei Absatzrückgängen eher das Ziel einer Anpassung der Personalkosten an die gesunkenen Umsatzzahlen verfolgt wird (klassische Kostenorientierung). Diese allgemeinen Erkenntnisse sollen nun auf die aktuelle Situation übertragen werden.

[90] Vgl. Marr / Steiner (2003): S.149.

3.3 Die Finanz- und Wirtschaftskrise als wirtschaftliche Krisenzeit für die deutsche Wirtschaft

Analog zum dargestellten Phasenschema des Planungsprozesses in Abschnitt 2.5 soll im Rahmen der *Anregungsphase* nun eine Identifikation der Wirtschafts- und Finanzkrise erfolgen, um daraus operationalisierte Zielsetzungen abzuleiten und situationsspezifische Gestaltungsmöglichkeiten der Personalfreisetzung zu ermitteln. Anhand der Prognosen und Konjunkturbeobachtungen einschlägiger Wirtschaftsforschungsinstitute lässt sich die derzeitige konjunkturelle Entwicklung folgendermaßen darstellen:

Die so genannte „Subprime-Krise“, die im Sommer 2007 auf einem sehr speziellen Segment des US-amerikanischen Finanzmarkts für verbriefte Hypothekenkredite ihren Ursprung nahm, hat in der Folgezeit zu einer weltweiten Krise auf den internationalen Finanzmärkten geführt. Die Krise, die auch erhebliche realwirtschaftliche Effekte nach sich zieht, gilt als schwerste Krise seit der Weltwirtschaftskrise von 1929.[91] Die bereits befürchteten Übertragungseffekte („Spillovers“)[92] vom Finanzmarkt auf den realen Sektor führten im Herbst 2008 zu einem drastischen Produktionseinbruch und die deutsche Wirtschaft zu Beginn des Jahres 2009 in eine schwere Rezession. Vor allem im Hinblick auf die Planbarkeit der Personalfreisetzung ist zudem entscheidend, dass das Ausmaß und noch mehr das Tempo, mit dem die Absatzzahlen zum Jahresende 2008 einbrachen, überraschend kamen.[93]

[91] Vgl. Projektgruppe Gemeinschaftsdiagnose (2009): S. 7 ; Fendel / Frenkel (2009): S.78 ; gleichzeitig auch weiterführend für die Ursachen der Finanzkrise.
[92] Vgl. Fendel / Frenkel (2009): S.82f. .
[93] Vgl. IfW (2009): S.3.

„Nachdem die Auslandsaufträge für die deutsche Industrie schon im Verlauf der ersten Jahreshälfte in der Tendenz zurückgegangen waren, brachen sie ab September regelrecht ein. In der Folge kollabierte die Produktion im verarbeitenden Gewerbe. In den ersten beiden Monaten des Jahres 2009 verschärfte sich die Abwärtsbewegung sogar noch. Sowohl Tempo als auch Ausmaß des Rückgangs sind in der Geschichte der Bundesrepublik ohne Beispiel.“[94]

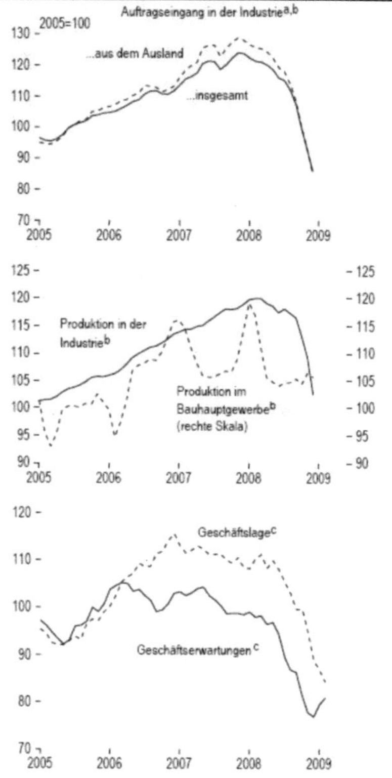

a Real. — b Saisonbereinigt, gleitender Dreimonatsdurchschnitt. — c Gewerbliche Wirtschaft.

Quelle: Deutsche Bundesbank, *Saisonbereinigte Wirtschaftszahlen* (lfd. Jgg.); ifo (lfd. Jgg.); eigene Berechnungen.

Abbildung 5: Konjunkturindikatoren
Quelle: IfW (2009): S.2.

In Abbildung 5 wird dies in Form der Konjunkturindikatoren deutlich. Insgesamt sank die gesamtwirtschaftliche Produktion im letzten Quartal 2008 so stark wie nie zuvor in den vergangenen vier Jahrzenten. Für das erste Quartal 2009 zeichnet sich eine Fortführung dieser negativen Tendenzen ab, wofür die schlechte Geschäftslage und Geschäftserwartung der gewerblichen Wirtschaft maßgeblich sind. Darin spiegelt sich auch die extrem schlechte Auftragslage wieder, auch bedingt durch die globalen Ausmaße der Krise und dem damit verbundenen Exportrückgang.[95]

[94] Projektgruppe Gemeinschaftsdiagnose (2009): S. 7.
[95] Vgl. IfW (2009): S.1f. .

Analog zu den eben erwähnten Konjunkturindikatoren stellt sich auch das Bruttoinlandsprodukt (BIP) in Abbildung 6 dar. Für das Gesamtjahr 2008 wurde zwar noch ein moderates Wirtschaftswachstum ermittelt (mit einem Anstieg des realen Bruttoinlandsprodukts um 1,3 %, kalenderbereinigt um 1,0 % gegenüber 2007), was allerdings nur auf die günstige Wirtschaftsentwicklung zum Jahresanfang zurückzuführen ist.

Abbildung 6: Entwicklung des Bruttoinlandsprodukts

Quelle: Statistisches Bundesamt

Im letzten Quartal 2008 ist die Wirtschaftsleistung deutlich eingebrochen und das Bruttoinlandsprodukt saison-, kalender- und preisbereinigt um 2,1 % gegenüber dem dritten Quartal zurückgegangen. Der Rückgang im Schlussquartal 2008 war der bisher größte im vereinigten Deutschland und – von einem vor allem witterungsbedingten Sonderfall im Jahr 1987 abgesehen – der größte überhaupt in der Zeitreihe der amtlichen Quartalsberechnungen des BIP ab dem Jahr 1970.[96] Auch im ersten Quartal 2009 hat sich dieser Trend noch verstärkt. Demnach sank die Wirtschaftsleistung erneut um 3,8 % gegenüber dem Vorquartal. Die weiteren Prognosen für das Jahr 2009 gehen derzeit von einem deutlichen Rückgang des realen BIP zwischen 2,25 und 6% aus.[97] Mit einer Stabilisierung der Produktion wird erst ab 2010 gerechnet.[98] Auch wenn derzeit noch die Auftragseinbrüche der Automobilindustrie und ihrer Zulieferunternehmen im Vordergrund stehen, so betreffen die mit der Krise einhergehenden Schwierigkeiten bei der Kreditvergabe, Investitionsstopps und Kostensenkungsprogramme letztendlich jedes Unternehmen.[99] Die Krise hat sich mittlerweile auf die gesamte deutsche Wirtschaft ausgebreitet.[100]

[96] Räth (2009): S.205.

[97] Vgl. *Anhang B* mit einer zusammenfassenden Darstellung der Konjunktur-Prognosen einschlägiger Wirtschaftsinstitute sowie weiterer aktueller Konjunkturdaten.

[98] Vgl. IfW (2009): S.1.

[99] Vgl. Lindemann / Simon (2008): S.2795.

[100] Vgl. Projektgruppe Gemeinschaftsdiagnose (2009): S. 7.

3.4 Konsequenzen für die Personalfreisetzungsplanung

Die dargestellten Auftragseinbrüche und Auswirkungen der Finanzkrise auf die Realwirtschaft stellen einen einschneidenden Bruch einer bis dahin kontinuierlichen Entwicklung (vgl. dazu den stetigen Anstieg des BIP bis zum 4. Quartal 2008) dar, der aufgrund des besonderen Ausmaßes die gesamte Unternehmung oder dominante Ziele gefährden kann. In Anlehnung an die Definition einer Krise von *Krystek*[101] befinden sich die Unternehmen damit in einer Krise.

So lässt sich analog zum dargestellten Planungsprozess in Abschnitt 2.3 die Situation in Unternehmen folgendermaßen beschreiben: Entsprechend der Absatzrückgänge werden auch die Produktionsmengen in der Produktionsplanung zurückgefahren. Resultierend aus der Koppelung an die betrieblichen Aufgaben ergibt sich in der Personalbedarfsplanung ein verminderter Soll-Personalbedarf. Aufgrund des unerwarteten und drastischen Auftragseinbruchs und der zuvor stetig ansteigenden Produktionszahlen ist von einer hohen Differenz zwischen Soll-Personalbedarf und Ist-Personalbestand, also einem akuten Personalüberhang in den Unternehmen auszugehen (entsprechend den kennzahlenbasierten Berechnungen der Personalbedarfsplanung[102]). Selbst bei langfristig angelegter, antizipativer Personalfreisetzungsplanung ist deshalb in vielen Unternehmen ein Personalüberhang nicht vermeidbar gewesen, da das Tempo und Ausmaß der Krise nicht planbar bzw. prognostizierbar war.

Zwar sind Ausgang und Dauer der Krise unklar, doch sind konjunkturelle Einbrüche im Allgemeinen nur vorübergehender Natur, so dass ein temporärer Personalüberhang von mittelfristiger Dauer zugrundegelegt werden kann (als Prognose der Unternehmen). Denn die in *Anhang B* beigefügten Wirtschaftsprognosen einschlägiger Wirtschaftsinstitute rechnen mit einer gesamtwirtschaftlichen „Erholung" im Jahre 2010. Anders als beispielsweise bei vom Unternehmen bewusst gestalteten Reorganisationsmaßnahmen (z.B. Mensch-Maschine-Substitution als unternehmensinterne Ursache), fallen Arbeitsplätze im Unternehmen damit nicht dauerhaft weg, sondern mittel- bis langfristig ist mit einer gesamtwirtschaftlichen Erholung und somit mit einer Rückkehr des Beschäftigungsbedarfs zu rechnen.

Aus den bereits dargestellten Einzelzielen der Personalfreisetzung erscheint angesichts der dargestellten wirtschaftlichen Lage und Existenzgefährdung der Unternehmen die Senkung

---

[101] Vgl. Krystek (1987): S.3.

[102] Vgl. zur Festlegung des Abbaupotentials Krüger (2005b): S. 33-36.

der Personalkosten und die Reduzierung der Personalkapazität das „Gebot der Stunde" zu sein (*klassische Kostenorientierung*). Dementsprechend stellt die Kosten- und Kapazitätsentlastung die vorrangige Zielsetzung dar, nach welcher Personalfreisetzungsmaßnahmen auf ihre Eignung hin zu bewerten sind.

Dies wirft die Frage auf, mit welchen Personalfreisetzungsmaßnahmen dieser Personalüberkapazität entsprechend dem vorrangigen Ziel einer Personalkosten- und Personalkapazitätsreduzierung unter gleichzeitiger Wahrung des strategischen Oberziels begegnet werden kann. Der Handlungsdruck und das Ausmaß der notwendigen Beschäftigungsanpassung aufgrund des dargestellten massiven Auftragseinbruchs erfordert eine kurzfristig realisierbare und „spürbare" Kostenentlastung. Den in Abschnitt 2.6 dargestellten Beurteilungskriterien „Anpassungspotential", „zeitliche Dauer" und „Kosten" der Maßnahme kommt daher besondere Bedeutung zu. Es ist also nicht eine Strategie zur Vermeidung, sondern eine Strategie zur Beseitigung des durch die Krise hervorgerufenen Beschäftigungsmangels gefragt.

In der wissenschaftlichen Auseinandersetzung wird diesbezüglich zu sehr von einer Machbarkeit der Planung ausgegangen und die Maßnahmenplanung deshalb meist nur allgemein, nicht aber ursachenspezifisch beschrieben. Als Problemlösungsansatz wird dabei die Notwendigkeit einer vorausschauenden, antizipativen Personalfreisetzungsplanung aufgezeigt, durch die ein Einsatz aller Verwendungsalternativen erst möglich wird.[103] Eine solche Planung setzt aber eine frühzeitige Prognostizierbarkeit der Ursachen des Personalüberhanges voraus.[104] Während dies bei unternehmensinternen Anlässen (wie z.B. Produktionsverlagerungen ins Ausland, Outsourcing etc.) durchaus machbar erscheint, wird dieser Problemlösungsansatz den aktuellen Problemen der Praxis wenig gerecht. Denn Krisen zeichnen sich entsprechend der vorgenommenen Definition ja gerade dadurch aus, dass diese ungewollt, ungeplant und deshalb im Vorfeld nicht optimal zu managen sind. Der dargestellte drastische Auftragseinbruch und der resultierende Personalüberhang war folglich kaum antizipierbar oder vorzeitig vermeidbar. Darüber hinaus sind in den Unternehmen strategische, langfristige Personalplanungen selten implementiert.[105] Demzufolge ist auch in der Praxis bei der Krisenbewältigung der aktuellen Wirtschafts- und Finanzkrise von einem reaktiven

---

[103] Vgl. Drumm (2005): S.298ff. ; Kadel (1990): S.26f. .
[104] Vgl. Hentze (1995): S. 287.
[105] Vgl. Kadel (2003): Sp. 1355 ; Seisl (1998): S.71 ; Drumm (2005): S. 294f. m.w.N. .

Vorgehen zur Lösung des akuten und kurzfristig eingetretenen Personalüberhanges auszugehen. Entsprechend dieser Folgerung ist auch die Auswahl geeigneter Personalfreisetzungsinstrumente eingeschränkt. So verweist *Kadel* in seiner Analyse darauf, dass bei reaktiver Planung überwiegend nur das Instrument Entlassung (also betriebsbedingte Kündigung) innerhalb der quantitativen Maßnahmen eingesetzt werden kann, da indirekte Maßnahmen wie vorzeitige Pensionierung, Aufhebungsverträge oder die Ausnutzung der natürlichen Fluktuation kurzfristig keine nachhaltigen Wirkungen zeigen.[106] Vor allem bei der rezessiven gesamtwirtschaftlichen Lage werden wenige AN freiwillig das Unternehmen verlassen oder Aufhebungsverträgen zustimmen (dies ist lediglich bei hochqualifizierten Mitarbeitern mit guten Arbeitsmarktchancen zu erwarten). Auch *Drumm* verweist auf die eingeschränkten Verwendungsalternativen bei kurzfristig zu lösenden Personalüberhängen und nennt zum Instrument der Entlassung auch die Kurzarbeit als mögliche Handlungsoption.[107] Denn bei diesen Maßnahmen liegen die Voraussetzungen vor, Personalkapazität in größerem Umfang zu reduzieren und somit zu einer spürbaren Kostenentlastung beizutragen. Letztendlich wird dadurch das Unternehmen vor der Entscheidung „Kurzarbeit oder Kündigung?“ stehen.[108]

Diese beiden Maßnahmen, betriebsbedingte Kündigung und Kurzarbeit, sollen deshalb im Folgenden einer Maßnahmenanalyse entsprechend des dargestellten Phasenschemas unterzogen werden, um deren Eignung zur Lösung des akuten Personalüberhangs zu analysieren. Bei der Analyse ist von vorrangigem Interesse, inwieweit rechtliche Regelungen den Gestaltungsspielraum der Personalfreisetzung bestimmen.

Denn vor allem die zu beachtenden rechtlichen Bestimmungen der einzelnen Maßnahmen beeinflussen wesentlich die Auswahlkriterien und den zeitlichen Ablauf der Personalfreisetzung[109] und können größtenteils ohne die Kenntnis der jeweiligen Unternehmenssituation analysiert und auf ihre Eignung in der aktuellen Krise hin beurteilt werden. Die Kenntnis der verschiedenen Maßnahmen und vor allem derer Gestaltungskriterien bilden die Basis eines den Erfolg von Personalfreisetzungsprozessen sichernden und unerwünschten Nebenwirkungen vermeidenden Personalfreisetzungsmanagements.[110]

---

106 Vgl. Kadel (1990): S.26.
107 Vgl. Drumm (2005): S.304.
108 Vgl. Gaugler (1974): S.212.
109 Vgl. RKW (1996): S.192.
110 Vgl. Marr / Steiner (2003): S.67.

Dabei wird für die folgende Maßnahmenanalyse nicht von „einschneidenden" betriebswirtschaftlichen Organisationsveränderungen als Reaktion auf die Krise ausgegangen. Mögliche Fallkonstellationen wie Betriebsstilllegungen, Standortverlagerungen, umfangreiche Reorganisationsmaßnahmen etc. bleiben hier ausgeblendet. Der dargestellte konjunkturell bedingte Auftragsrückgang als unternehmensexterne, ungeplante und ungewollte Ursache wird somit als Auslöser des Personalüberhanges zugrunde gelegt.

3.5 Beteiligung des Betriebsrats am Personalfreisetzungsprozess

Unabhängig von personellen Einzelmaßnahmen kann auf Grundlage des aufgezeigten Planungsprozesses der Personalfreisetzung der allgemeine Einfluss des Betriebsrats auf die Entscheidungsfindung aufgezeigt werden.

Die interne Interessensgruppe der AN hat vor allem durch gesetzlich geregelte Mitwirkungs- und Mitbestimmungsrechte des Betriebsrats als deren Vertreter Einfluss auf die unternehmerische Gestaltungsfreiheit bei der Personalfreisetzung. Betriebsräte können auf Initiative der Mitarbeiter in Betrieben gewählt werden, die mehr als fünf ständige wahlberechtigte AN beschäftigen, von denen mindestens drei wählbar sein müssen (§ 1 Abs.1 BetrVG). Er besitzt eine Vielzahl an abgestuften Mitwirkungskompetenzen in sozialen, personellen und wirtschaftlichen Angelegenheiten. Dies erstreckt sich über Informations-, Beratungs-, Widerspruchs-, Anhörungs-, Initiativ- bis hin zu Mitbestimmungsrechten:[111]

Nach § 92 BetrVG hat der AG den Betriebsrat über die Personalplanung rechtzeitig und umfassend zu unterrichten, mit diesem über Art und Umfang der erforderlichen Maßnahmen sowie über die Vermeidung von Härten zu beraten. Aus juristischer Sicht wird der Begriff der Personalplanung so verstanden, wie er im vorangegangenen Kapitel bereits im betriebswirtschaftlichen Sinne aus der Unternehmensplanung abgeleitet wurde.[112] Der Zweck dieser Norm kann darin gesehen werden, dass die Arbeitnehmervertretung rechtzeitig über alle Planungen zu unterrichten ist, die zu mitwirkungs- oder mitbestimmungspflichtigen personellen Einzelmaßnahmen führen können. Auch sieht die Norm ausdrücklich eine Beratung über die Vermeidung von Härten vor, also eine Gestaltung der Maßnahmenplanung so, dass Härten für die AN vermieden werden.

---

[111] Vgl. ausführlich Jung (2006): S.90-94 ; Wöhe / Döring (2005): S.75f. .

[112] Vgl. ErfKomm / *Kania* (2008): §92 BetrVG Rn.5 oder ausführlich Richardi / Thüsing (2008): §92 Rn. 6-17.

Wie *Kadel*[113] ausführlich darlegt, erstreckt sich die Beratungs- und Unterrichtungspflicht des AG analog zum aufgezeigten Phasenschema der Personalfreisetzungsplanung auf die gesamte Maßnahmenplanung in der Suchphase noch vor einer konkreten Strategieumsetzung in der Entscheidungsphase. Dem Betriebsrat eröffnet sich dabei „nur" ein Unterrichtungs- und Beratungsrecht, d.h. der AG bleibt selbst verantwortlich für die Personalplanung, insoweit also in seiner Entscheidung frei. Er hat den Betriebsrat auch nicht bei der Personalbedarfsplanung mit einzubeziehen[114]. Auch die Nicht-Beachtung der Regelung hat zunächst keine direkten Folgen auf die Personalfreisetzungsplanung. Auf den ersten Blick ergibt sich normativ also keine Einengung des Handlungsspielraums durch das Mitspracherecht des Betriebsrats. Praktisch gesehen ist der § 92 BetrVG aber durchaus bedeutsam. Denn so können vom AG einseitig beschlossene, gegen den Willen des Betriebsrats durchgesetzte Inhalte einer Personalfreisetzungsplanung Konsequenzen für die Zusammenarbeit zwischen AG und Betriebsrat in anderen Bereichen nach sich ziehen, vor allem bei dessen Mitbestimmungsrechten bei personellen Einzelmaßnahmen (vgl. § 87 BetrVG). Dadurch kann aus der Norm eine „indirekte Konsenspflicht" zwischen AG und Betriebsrat abgeleitet werden, die den Handlungsspielraum des AG bei der Personalfreisetzungsplanung zwar nicht im normativen, jedoch im faktischen Sinne durch einzubeziehende Arbeitnehmerinteressen beeinflusst.

Zudem kann davon ausgegangen werden, dass die Arbeitnehmervertreter vor dem Hintergrund ihrer dargestellten Interessen und Aufgaben[115] bereits im Beratungsprozess der Personalfreisetzungsplanung dahingehend wirken, „weiche" Maßnahmen dem (für AN mit besonderen sozialen Härten verbundenen) Personalabbau vorzuziehen. Dies ist vor allem in Verbindung mit dem Initiativrecht des Betriebsrats bei Mitbestimmungs-Angelegenheiten des § 87 BetrVG von zentraler Bedeutung. Unterrichtet der AG den Betriebsrat gemäß § 92 BetrVG über einen Personalfreisetzungsbedarf und zieht dieser einen Personalabbau in die Maßnahmenplanung mit ein, so kann der Betriebsrat eine Einigung mit dem AG über die vorübergehende Verkürzung der betriebsüblichen Arbeitszeit (=Kurzarbeit) als mildere Maßnahme ersuchen (§ 87 Abs.1 S.3 BetrVG). Das Bundesarbeitsgericht (BAG) hat dies-

---

[113] Vgl. hierzu sowie im Folgenden ausführlich Kadel (1993): S. 801f. sowie Richardi / Thüsing (2008): §92 Rn.24-50.
[114] Vgl. Richardi / Thüsing (2008): § 92 Rn.34.
[115] Vgl. vor allem § 80 Abs.1 Nr.8 BetrVG, wonach zu den Aufgaben des Betriebsrats auch die Sicherung und Förderung der Beschäftigung im Betrieb zählt.

bezüglich ein Initiativrecht des Betriebsrats zur Einführung von Kurzarbeit ausdrücklich anerkannt:[116]

Kommt eine Übereinkunft über den vorrangigen Einsatz dieser milderen Maßnahme nicht zustande (etwa weil der AG nicht zur Anordnung von Kurzarbeit gewillt ist), so kann eine Einigung über eine vom Betriebsrat einseitige Einschaltung der Einigungsstelle erzielt werden (§ 87 Abs.2 i.V.m. § 76 Abs.5 S.1 BetrVG). Deren Spruch ersetzt dann die Einigung zwischen Betriebsrat und AG, gilt als Betriebsvereinbarung (vgl. § 77 BetrVG) und somit unmittelbar und zwingend (§ 77 Abs.4 BetrVG) für alle AN im Betrieb. Die entstehenden Kosten der Einigungsstelle hat der AG zu tragen, was das Verfahren für diesen neben dem zeitlichen und administrativen Aspekt zusätzlich unangenehm gestaltet (§ 76a Abs.1 BetrVG). Die oft langwierigen Verfahren bei Einigungsstellen, seine Kosten, die Einbeziehung eines Vorsitzenden mit begrenzten Fach- und Betriebskenntnissen sowie das Risiko der Entscheidung für beide Seiten zwingen Unternehmen faktisch dazu, vorab mit dem Betriebsrat nach einer Einigung zu suchen.[117]

"Das hier festgelegte Beratungsziel ist auch rechtlich für den Erfolg der Personalplanung von Bedeutung[...]. Mit dem Betriebsrat hat deshalb der Arbeitgeber zu beraten, ob eine Personalfreisetzung wegen ihres vorübergehenden Charakters durch Kurzarbeit verhindert werden kann, ob ein Einstellungsstopp genügt oder ob Frühpensionierungen oder Änderungskündigungen erforderlich sind."[118]

Durch die Einführung des § 92a durch das BetrVerf-Reformgesetz vom 23.7.2001 wurde bereits genanntes nochmals bestätigt und die Verantwortung des Betriebsrats beim Personalfreisetzungsprozess herausgestellt. Gegenstand dieser Regelung ist ein umfassendes Vorschlagrecht des Betriebsrats zu den in § 92a Abs.1 S.2 BetrVG nicht abschließend aufgezählten Maßnahmen der Beschäftigungssicherung. Auch wenn sich dadurch immer noch keine Mitbestimmungsrechte ergeben und die Norm deshalb in der Literatur z.T. als „Mitbestimmungslyrik“ abgetan wird, so bewirkt die (schriftliche) Begründungspflicht des AG nach § 92a Abs. 2 BetrVG zumindest eine kritische Auseinandersetzung mit den Arbeitnehmerinteressen.[119] Auch *Gaugler* betont, dass die Zusammenarbeit mit dem Betriebsrat

---

[116] BAG 1.Senat, Beschluss vom 04.03.1986, 1 ABR 15/84, AP Nr.3 zu § 87 BetrVG 1972 Kurzarbeit, zu Leitsatz 1.

[117] Vgl. Gaugler (1994): S.7f. .

[118] Richardi / Thüsing (2008): §92 Rn.37.

[119] Vgl. Richardi / Thüsing (2008): §92a Rn. 1-16.

in wirtschaftlich schwierigen Zeiten besonders wichtig ist. Zum einen haben ohne oder gegen den Betriebsrat durchgeführte Personalmaßnahmen kaum Erfolgschancen, zum anderen beeinflusst der Betriebsrat auch wesentlich die Akzeptanz von Personalmaßnahmen bei den Mitarbeitern.[120] Ein erster rechtlich geregelter Einbezug der AN-Interessen in die Gestaltungsfreiheit des Unternehmers bei der Personalfreisetzung wird also bereits mit der Beteiligung des Betriebsrats am Planungsprozess erreicht.

[120] Vgl. Gaugler (1994): S.6.

4. PERSONALABBAU DURCH BETRIEBSBEDINGTE BEENDIGUNGSKÜNDIGUNG

Hinsichtlich der dargestellten Wirtschafts- und Finanzkrise und deren Auswirkung auf die Realwirtschaft ist von einem Freisetzungsbedarf aus dringenden betrieblichen Erfordernissen auszugehen. Kündigungen, die im Verhalten oder in der Person einzelner AN begründet sind, zielen auf Einzelfälle ab, entziehen sich einer hier vorzunehmenden planerischen Erfassung und werden somit nicht in die Analyse einbezogen.[121] Entsprechend ausgegrenzt bleibt auch die aus Personen- oder Verhaltensaspekten resultierende fristlose bzw. außerordentliche Kündigung aus wichtigem Grund (§ 626 BGB).

Denn im Rahmen von Personalplanungsmaßnahmen muss stets von einer ordentlichen (fristgemäßen) Kündigung ausgegangen werden, da ein wichtiger Grund, dessen Vorliegen zu einer außerordentlichen Kündigung berechtigt, nicht planbar ist und höchstens in Einzelfällen eintritt.[122]

4.1 Arbeitsrechtliche Grundzüge und Vorgehen

Unter der ordentlichen Beendigungskündigung versteht man eine einseitig empfangsbedürftige Willenserklärung einer der beiden Vertragsparteien, die das Arbeitsverhältnis unmittelbar für die Zukunft oder nach Ablauf der Kündigungsfrist beenden soll. Vom Zeitpunkt seiner wirksamen Beendigung an entstehen im Arbeitsverhältnis keine Ansprüche und Leistungspflichten mehr.[123] Ziel des AG bei der Umsetzung von ordentlichen betriebsbedingten Beendigungskündigungen ist es also, durch eine einseitige Beendigung des Dauerschuldverhältnisses und damit der Hauptpflichten „Lohnzahlungs- und Beschäftigungspflicht“ aus dem Arbeitsverhältnis[124], eine Personalkosten- und Personalkapazitätsreduzierung herbeizuführen. Eine Abfindungspflicht ergibt sich im Idealfall für den AG nicht.

Eine Interessensabwägung dahingehend, ob der von der Maßnahme angestrebte Erfolg in einem „vernünftigen“ oder „angemessenen“ Verhältnis zu den Nachteilen steht, die der gekündigte AN durch den Verlust des Arbeitsplatzes erleidet, ist vom AG nicht vorzunehmen. § 9 KSchG sieht eine angemessene Abfindung (vgl. dazu § 10 KSchG) nur dann vor,

[121] Denkbar ist lediglich, dass diese Fälle als kalkulatorische Größe auf der Basis von Vergangenheitswerten mit in die Planung einbezogen werden.

[122] Vgl. Wimmer (1985): S. 138.

[123] Vgl. Küttner / Eisemann (2008): Kündigung, allgemein Rn. 2.

[124] Vgl. hierzu die Rechte und Pflichten aus dem Arbeitsverhältnis bei Jung (2006): S.67-70.

wenn die Kündigung sozial ungerechtfertigt ist und der AN dies auch innerhalb von drei Wochen nach Zugang der Kündigung durch eine Kündigungsschutzklage vor dem Arbeitsgericht feststellen lässt (§ 4 KSchG). Eine sozial gerechtfertigte betriebsbedingte Kündigung, mag diese den einzelnen AN auch noch so hart treffen, zieht keine Abfindungsansprüche nach sich. Lediglich bei einer Betriebsänderung i.S. des § 111 BetrVG ist nach § 112 BetrVG vorgesehen, dass durch einen Sozialplan die Nachteile ausgeglichen oder abgemildert werden, die die von der Betriebsänderung betroffenen AN erleiden.[125] Der AG kann nach § 1a KSchG dem AN auch eine Abfindung unter der Bedingung anbieten, dass dieser auf eine Kündigungsschutzklage verzichtet. Die Höhe der Abfindung beträgt dabei 0,5 Monatsverdienste für jedes Jahr des Bestehens des Arbeitsverhältnisses (§ 1a Abs.2 i.V.m. § 10 Abs.3 KSchG). Diese Option ermöglicht dem AG, in gewissem Maße die Kosten der Kündigung zu beeinflussen bzw. vorab zu planen. Die Rechtsunsicherheit bleibt jedoch bestehen, da nicht gewährleistet ist, dass der AN das Angebot annimmt und auf eine Kündigungsschutzklage verzichtet.[126] Das Unternehmen kann auch ganz bewusst sozial ungerechtfertigte Kündigungen aussprechen und resultierende Abfindungszahlungen, Prozesskosten, Lohnnachzahlungen etc. billigend in Kauf nehmen. Vor dem Hintergrund der definierten Zielsetzungen einer Personalkosten- und Personalkapazitätsreduktion, dem interessenswahrenden strategischen Oberziel und der sozialen Verantwortung des Unternehmens kann dies jedoch nicht der geeignete Weg einer Personalfreisetzungsplanung darstellen. Zudem ist dies bei einer Personalüberkapazität größeren Ausmaßes aus rein betriebswirtschaftlichen Kosten-Überlegungen nicht sinnvoll. Ziel des AG muss es deshalb sein, rechtswirksame betriebsbedingte Beendigungskündigungen auszusprechen, um das Risiko von Kündigungsschutzprozessen, Weiterbeschäftigungs- oder Abfindungsansprüchen der AN zu vermindern und damit die verfolgte Kostenentlastung zu erreichen.

Unbefristete Arbeitsverhältnisse können dabei gemäß § 620 Abs.2 BGB grundsätzlich von jeder Arbeitsvertragspartei, also sowohl von AG als auch von AN beendet werden.[127] Während der AN bei der hier interessierenden fristgerechten ordentlichen Kündigungen unbefristeter Arbeitsverhältnisse von tariflichen und gesetzlichen Beschränkungen weitgehend frei ist, ergeben sich für den AG aufgrund rechtlicher Schutzvorschriften zugunsten der AN

[125] Vgl. Schiefer (2005): S.4.
[126] Vgl. Hardege / Schmitz (2008): S.20.
[127] Vgl. Michalski (2008): Rn.335.

vielfache Einschränkungen[128]. Diese beeinflussen im Rahmen einer Maßnahmenanalyse in der Suchphase des Planungsprozesses den Handlungsspielraum des AG erheblich.
Denn im Zusammenhang mit der betriebsbedingten Kündigung werden alle Bestimmungen aus dem Arbeitsrecht (die den Tatbestand der abhängigen Arbeit regeln) angesprochen, die die Beendigung des Arbeitsverhältnisses zwischen AG und AN berühren. Das Arbeitsrecht beinhaltet dabei Abschnitte aus fast allen Rechtsdisziplinen. Eine umfassende, vollständige Darstellung der gesamten Wirksamkeitsvoraussetzungen und Fallkonstellationen, die es bei der ordentlichen Kündigung auf individualrechtlicher und kollektiver Ebene zu beachten gilt, ist hier nicht zweckmäßig und wurde in der Literatur bereits ausführlich dargelegt.[129] Vielmehr sollen vor allem die rechtlichen Regelungen angesprochen und analysiert werden, die im Rahmen einer Maßnahmenanalyse von besonderer Bedeutung sind bzw. diese wesentlich beeinflussen.
Ziel dieses Abschnittes ist es deshalb darzustellen, inwieweit arbeitsrechtliche Regelungen bei der Maßnahme „ordentliche betriebsbedingte Beendigungskündigung" den Gestaltungsspielraum des AG bei der Personalfreisetzungsplanung und damit auch die Eignung des Instrumentes in der aktuellen Krise beeinflussen. Letzteres soll vor dem Hintergrund der in Abschnitt 2.6 definierten Beurteilungskriterien vorgenommen werden, wobei auch Folgewirkungen dargestellt werden, die bei dem Instrument auch unabhängig von rechtlichen Regelungen zu beachten sind.

4.2 Kündigungsschutzrecht des Arbeitnehmers

Das Kündigungsschutzrecht begrenzt mit dem Ziel des Ausgleichs widerstreitender Interessen der Vertragsparteien die allgemeine Vertragsfreiheit des AG, das Arbeitsverhältnis jederzeit zu beenden. Die diesen Bestandsschutz betreffenden Regelungen des Arbeitsverhältnisses sind konkretisiertes Verfassungsrecht.[130]
„Dahinter steht die das gesamte Arbeitsrecht bestimmende Wertung des Gesetzgebers, dass zwischen Arbeitgeber und Arbeitnehmer typischerweise ein Machtgefälle besteht, das es dem Arbeitnehmer nicht ermöglicht, seine Interessen im Rahmen der Privatautonomie ausreichend zu wahren."[131] *„Das Kündigungsschutzgesetz hat die divergierenden Interessen und kollidierenden Grundrechtspositionen von Arbeitgebern und Arbeitnehmern (Art. 12*

---

[128] Vgl. Küttner / Eisemann (2008): Kündigung, allgemein Rn. 2-3 ; Appel (2008): §87 Rn.4.
[129] Vgl. dazu ausführlich die Werke *Küttner (2008)* oder *Stahlhacke / Preis / Vossen (2005).*
[130] Vgl. Kittner / Zwanziger / Appel (2008): §87 Rn.16 ; Brox / Rüthers / Henssler (2007): Rn.464.
[131] Hille (1994): Rn.34 ; vgl. auch Dütz (2003): Rn.2-3.

Abs.1 GG) zu einem verfassungsmäßigen Ausgleich gebracht."[132] Vor diesem Hintergrund hat sich ein umfassendes System des Bestandsschutzes der Arbeitsverhältnisse herausgebildet, dass vor allem im Kündigungsschutzgesetz (KschG) konkretisiert und für die Maßnahmenanalyse in der Suchphase von besonderer Bedeutung ist. Denn damit eine arbeitgeberseitige Beendigung des Arbeitsverhältnisses wirksam und somit im Falle einer Feststellungsklage vor dem Arbeitsgericht ohne Abfindungs- oder Weiterbeschäftigungsanspruch des AN durchsetzbar ist, muss eine Vielzahl an Voraussetzungen erfüllt sein. Diese werden teilweise konkret im Gesetzestext genannt oder sind durch die Rechtsprechung entwickelt worden (aufgrund unbestimmter Rechtsbegriffe). Das Ausmaß dieses allgemeinen Kündigungsschutzes ist jedoch abhängig von dessen Anwendbarkeit (was für die folgenden Ausführungen unterstellt wird). Der Geltungs- und Anwendungsbereich folgt aus den §§1 und 23 KschG:

- Es muss sich um einen abhängig beschäftigten AN handeln[133].
- Das Arbeitsverhältnis muss seit mindestens 6 Monaten in demselben Betrieb oder Unternehmen ohne Unterbrechung bestehen (§ 1 Abs.1 KschG).
- Vorhandensein von mindestens 5 beschäftigten AN im Unternehmen (§ 23 Abs.1 S.2 KschG).
- Für AN mit dem Einstellungsstichtag 31.12.2003 gilt das KSchG ab 10 beschäftigen AN (§ 23 Abs.1 KSchG).

Handelt es sich also nicht um einen sog. Kleinbetrieb oder um zu kündigende AN in der sog. Probezeit (die ersten 6 Monate des Arbeitsverhältnisses), findet der allg. Kündigungsschutz Anwendung und beschränkt den AG in seiner Vertragsfreiheit, das Arbeitsverhältnis jederzeit zu beenden.

Neben dem allgemeinen Kündigungsschutz existiert ein besonderer Kündigungsschutz für bestimmte Personengruppen, der die Möglichkeiten einer ordentlichen arbeitgeberseitigen Beendigungskündigung weiter einschränkt oder teilweise sogar unmöglich macht. Diese schränken den AG bereits in einer „freien" Auswahl zu entlassender AN ein und beeinflussen das Beurteilungskriterium Steuerbarkeit und Planbarkeit der Maßnahme im negativen Sinne. Sonderregelungen bestehen demnach bei einer Kündigung für:[134]

---

[132] Stahlhacke / Preis / Vossen (1999): Rn.624. ; vgl. auch Kittner / Zwanziger / Appel (2008): §92 Rn.3.
[133] Vgl. hierzu ausführlich Küttner / Röller (2008): Arbeitnehmer (Begriff), Rn.1-11.
[134] Vgl. hierzu ausführlich Kittner / Zwanziger / Appel (2008): §87 Rn.23-30 ; Küttner / Eisemann (2008): Kündigungsschutz, Rn. 144-147.

- Das Berufsausbildungsverhältnis (§ 15 BBiG)
- Schwangere und Mütter nach der Entbindung (§ 9 MuSchG)
- AN, die Elternzeit in Anspruch nehmen (§ 18 Abs.1 BEEG)
- Schwerbehinderte (§§ 85, 90 Abs.1, 91 SGB IX)
- Wehr- und Ersatzdienstleistende (§ 2 ArbPlSchG, § 78 Abs.1 ZDG)
- Mitglieder des Betriebsrates und des Wahlvorstandes ; Wahlbewerber (§ 15 Abs. 1, 3 KSchG)
- Mitglieder der Schwerbehindertenvertretung (§ 96 Abs.3 SGB IX)
- Immissions- und Umweltschutzbeauftragte (§ 58 Abs.2 BImSchG)
- Bundes- und Landtagsabgeordnete (Art. 48 Abs.2 S.2 GG, § 2 AbgG)

Darüber hinaus können sowohl in einzelnen Arbeitsverträgen, in Betriebsvereinbarungen und vor allem in Tarifverträgen zusätzliche vertragliche Kündigungsbeschränkungen oder -ausschlüsse enthalten sein. Dabei ist in Tarifverträgen häufig die sog. Alterssicherung geregelt, d.h. der Ausschluss der ordentlichen Kündigung für AN mit einer gewissen Dauer der Betriebszugehörigkeit (i.d.R. gekoppelt an ein bestimmtes Mindestalter)[135]. Außerdem existieren tarifliche Vereinbarungen über den Rationalisierungsschutz, sog. Rationalisierungsschutzabkommen, wobei das Recht des AG zur ordentlichen Kündigung unter bestimmten Voraussetzungen ausgeschlossen wird oder dies nur in Verbindung mit hohen Abfindungszahlungen möglich macht. Auch in Betriebsvereinbarungen können Kündigungsbeschränkungen vereinbart oder das Recht des AG auf ordentliche Kündigungen generell ausgeschlossen werden (Beschäftigungssicherungsvereinbarungen), soweit nicht tarifvertragliche Regelungen bestehen oder üblich sind (§ 77 Abs.3 BetrVG). Bereits an dieser Stelle kann der Handlungsspielraum für das Unternehmen so eingeschränkt sein, dass das Instrument der betriebsbedingten Kündigung ungeeignet ist.

Dabei sind auch die u.U. länger als in § 622 BGB gesetzlich geregelten, tarifvertraglichen oder betriebsverfassungsrechtlich vereinbarten Kündigungsfristen in die Maßnahmenplanung mit einzubeziehen.[136] Die notwendige Einhaltung dieser in § 622 BGB allgemein geregelten bzw. in tarif- oder einzelvertraglich vereinbarten Kündigungsfristen führt erst nach deren Ablauf zu der erwünschten Personalkosten- und Personalkapazitätsreduzierung. Denn

---

[135] Vgl. hierzu bspw. §§ 53, 55 BAT, wonach Arbeitnehmer mit einer Beschäftigungszeit von 15 Jahren, frühestens jedoch nach Vollendung des vierzigsten Lebensjahres, nicht mehr ordentlich kündbar sind.

[136] Vgl. Lindemann / Simon (2008): S.2798-2799 ; Küttner / Eisemann (2008): Kündigung, allgemein, Rn.21-26 ; Kittner / Zwanziger / Appel (2008): §87 Rn.31 ; Dütz (2003): Rn.299-301 m.w.N. .

die Hauptpflicht des AG zur Entgeltzahlung endet bei der rechtswirksamen Kündigung erst mit Ablauf der Kündigungsfrist. Eine kurzfristig zu realisierende Kostenentlastung als Beurteilungskriterium der Maßnahme wird also durch die Einhaltung von Kündigungsfristen negativ beeinflusst.

Um tarifliche Kündigungseinschränkungen oder -ausschlüsse anzupassen, müsste mit der zuständigen Gewerkschaft über den Abschluss eines vom Flächentarifvertrag abweichenden Haustarifvertrages verhandelt werden. Ein Zugeständnis der Gewerkschaft, dem AG ein Recht auf ordentliche Kündigungen einzuräumen, ist jedoch praktisch kaum zu erwarten. Sehen diesbezüglich Tarifverträge in Öffnungsklauseln eine Möglichkeit zu einer Betriebsvereinbarung vor, kann der AG auch mit dem Betriebsrat über eine „Aufweichung" der Kündigungsbeschränkung verhandeln. Dieser spürt zwar laut *Lindemann / Simon* den Handlungsdruck vor Ort wesentlich stärker und ist daher oft „beweglicher" als Gewerkschaften, jedoch sind auch hier Verhandlungserfolge nur mit erheblichen Zugeständnissen des AG denkbar.[137] Hier wird der in Abschnitt 2.4 angesprochene konfliktäre Datenkranz bei der Entscheidungsfindung deutlich, bei der die unterschiedlichen Interessensgruppen unterschiedliche Ziele verfolgen. Im Fall der betriebsbedingten Kündigung ist dieser Zielkonflikt zwischen sozialen und wirtschaftlichen Zielen besonders ausgeprägt, da diese für die AN mit besonderen sozialen Härten verbunden ist (Einkommensverlust, Existenzgefährdung etc.).

4.3 Die soziale Rechtfertigung der Kündigung

Findet das KSchG Anwendung auf die betreffenden AN, so ist die Kündigung nur rechtswirksam, wenn sie sozial gerechtfertigt ist (§ 1 Abs. 1 KSchG). Damit ergibt sich für den AG neben der Einhaltung von Kündigungsfristen eine doppelte Bindung seiner Entscheidungsfreiheit: Zum einen müssen dringliche betriebliche Erfordernisse einer Weiterbeschäftigung des AN im Wege stehen (§ 1 Abs.2 S.1), zum anderen muss er bei der Auswahl der zu Kündigenden soziale Aspekte berücksichtigen (§ 1 Abs.3 S.1 KSchG). Diese beiden Einschränkungen der Entscheidungsfreiheit werden im Folgenden genauer betrachtet.

Zunächst ist eine betriebsbedingte Kündigung nur gerechtfertigt, wenn sie durch dringende betriebliche Erfordernisse bedingt ist, die einer Weiterbeschäftigung des AN in im Betrieb entgegenstehen (§ 1 Abs. 2 S.1 KSchG). Damit wird ein Kündigungsinteresse des AG an-

[137] Vgl. Lindemann / Simon (2008): S.2798-2799.

erkannt, ohne dass ein Anlass für die Beendigung des Arbeitsverhältnisses von der Person des AN oder seinem Verhalten her begründet ist. Das Bestandsschutzinteresse des AN muss dann zurücktreten, wenn dringende betriebliche Interessen einen Personalabbau erforderlich machen. Um dies durchzusetzen, hat der AG im Falle eines Kündigungsschutzprozesses jedoch nach § 1 Abs.2 S.4 KSchG in vollem Umfang die Darlegungs- und Beweislast dafür zu tragen, dass die Kündigung durch dringende betriebliche Erfordernisse bedingt ist, ohne dass eine andere Beschäftigungsmöglichkeit im Unternehmen für die AN besteht.

Das KSchG definiert jedoch den Begriff der „dringlichen betrieblichen Erfordernisse" nicht. Daher hat die Rechtsprechung eine konsequente Systematisierung und Konkretisierung dieses unbestimmten Rechtsbegriffes vorgenommen, nach dem das Vorliegen der Voraussetzung gerichtlich geprüft wird. Die Eckpunkte dieser Systematisierung bilden die Prüfung nach dem Vorliegen einer außer- oder innerbetrieblicher Kündigungsursache, deren Umsetzung durch eine Unternehmerentscheidung, ein hierdurch bedingter kausaler Wegfall des Arbeitsplatzes und ob die Dringlichkeit der betrieblichen Erfordernis gegeben ist (Vorrang milderer Mittel).[138] Die nun folgende Darstellung dieser Eckpunkte sollen den damit verbundenen Einfluss auf die Gestaltungsfreiheit des AG verdeutlichen.

4.3.1 Die unternehmerische Entscheidung

Ausgangspunkt und somit Grundlage für die gerichtliche Prüfung der sozialen Rechtfertigung der betriebsbedingten Kündigung ist die Kündigungsursache. Diese kann sich aus inner- wie außerbetrieblichen Umständen ergeben und wird auch im rechtlichen Sinne entsprechend der Kategorisierung in Abschnitt 3.1 unterteilt. Der Auftrags- / Umsatzrückgang und der daraus resultierende Beschäftigungsmangel im Zuge der Wirtschafts- und Finanzkrise stellt eine außerbetriebliche Ursache und einen typischen betriebsbedingten Kündigungsgrund dar, wenn der AG darlegt, dass und in welchem Umfang das Bedürfnis zur Weiterbeschäftigung (spätestens mit Ablauf der Kündigungsfrist[139]) für einen oder mehrere AN entfällt. Leitet der AG diesen verminderten Arbeitsbedarf aus dem verringerten Auftrags- und Umsatzvolumen ab, beruft er sich also unmittelbar auf die außerbetrieblichen Umstände als Kündigungsursache, handelt es sich um eine sog. *selbstbindende Unterneh-*

[138] Vgl. Stahlhacke / Preis / Vossen (2005): Rn.957.
[139] Vgl. hierzu Beurteilungszeitpunkt bzw. das Prognoseprinzip bei Kittner / Zwanziger / Appel (2008): §92 Rn.22 ; Küttner / Eisemann (2008): Kündigung, betriebsbedingt Rn.21f. .

mensentscheidung. Denn dabei bindet er sich selbst daran, Personal nur insoweit abzubauen, wie es der vorgegebene Zweck (hier: Personalanpassung an Auftragsmangel) erfordert.

Die andere Möglichkeit besteht darin, dass sich der AG auf eine innerbetriebliche Organisationsentscheidung als Kündigungsgrund bezieht, etwa auf die Stilllegung von ganzen Abteilungen oder den Abbau von Hierarchiestufen als Reaktion auf den (auf außerbetrieblichen Ursachen beruhenden) Auftragsmangel. Richtet sich die unternehmerische Entscheidung, Personal abzubauen, auf solche innerbetrieblichen Maßnahmen und wird die Ursache nur mittelbar als Anlass herangezogen, handelt es sich um eine *gestaltende unternehmerische Entscheidung*. Der AG gestaltet damit den Beschäftigungsbedarf selbst, indem er im Gegensatz zur selbstbindenden Entscheidung zusätzlich zum außerbetrieblichen Umstand die innerbetriebliche Struktur durch einen Gestaltungsakt verändert. Der Unterschied zwischen selbstbindender und gestaltender Unternehmensentscheidung ist ausschlaggebend für die Darlegungs- und Beweislast im Kündigungsschutzprozess und vor allem auf die hier vorrangig interessierende „rechtliche Verpflichtung" zum Einsatz milderer Mittel.[140]

Wie bei der Analyse der Wirtschafts- und Finanzkrise bereits festgelegt, wird im Rahmen dieser Untersuchung nicht von „einschneidenden" betriebswirtschaftlichen Organisationsveränderungen (z.B. Betriebsstilllegungen, Betriebseinschränkungen, Umorganisationen, Abbau von Hierarchiestufen etc.) bei der Krisenbewältigung ausgegangen. Dementsprechend ist hier keine innerbetriebliche Organisationsentscheidung, sondern der außerbetrieblich bedingte Auftragsrückgang als Kündigungsgrund ausschlaggebend, weshalb auch eine *selbstbindende unternehmerische Entscheidung* zugrunde liegt. Es wird regelmäßig keine Schwierigkeiten für das Unternehmen bereiten, im Rahmen der aufgezeigten Wirtschafts- und Finanzkrise den Auftragsmangel und den daraus entstehenden Wegfall des Beschäftigungsbedürfnisses für einen Teil der Belegschaft gerichtsfest darzulegen, da dies einen klassischen betriebsbedingten Kündigungsgrund darstellt.[141] Gerichtlich überprüft wird bei der selbstbindenden Unternehmensentscheidung, ob die außerbetrieblichen Ursachen vorliegen und ob dadurch das Beschäftigungsbedürfnis für den gekündigten AN entfallen ist.[142]

---

[140] Vgl. hierzu ausführlich Kittner / Zwanziger / Appel (2008): §92 Rn.11f. ; Schiefer (2005): S.1-5 ; Stahlhacke / Preis / Vossen (2005): Rn.939-943.
[141] Vgl. hierzu Lindemann / Simon (2008): S. 2801 ; Schiefer (2005): S.5 m.w.N. .
[142] Vgl. Stahlhacke / Preis / Vossen (2005): Rn.949.

Die verfassungsrechtlich geschützte unternehmerische Entscheidung (Art. 12 Abs.1, Art. 14 GG) darf gerichtlich nicht auf ihre Notwendigkeit, Richtigkeit oder Zweckmäßigkeit überprüft werden. Lediglich wenn die Maßnahmen offenbar unsachlich, unvernünftig oder willkürlich sind, kann das Gericht die Anerkennung der Gestaltungsfreiheit versagen (selten vorkommende Extremfälle).[143] Das Gericht überprüft zwar nicht die Sinnhaftigkeit oder Wirtschaftlichkeit einer unternehmerischen Entscheidung, es prüft jedoch in vollem Umfang, ob die Konzeption des AG die Kündigung notwendig macht.[144]

4.3.2 Der Vorrang milderer Mittel

Der § 1 Abs. 2 S.1 KSchG verlangt deshalb auch, dass das betriebliche Erfordernis „dringend" sein muss, wodurch ein Vorrang milderer Mittel als Wirksamkeitsvoraussetzung konstatiert wird. Demnach ist zu prüfen, ob eine Weiterbeschäftigung des AN auf einem freien oder demnächst frei werdenden Arbeitsplatz im Betrieb möglich ist. Dabei ist auf eine Weiterbeschäftigungsmöglichkeit in demselben Betrieb oder in einem anderen Betrieb des Unternehmens abzustellen (§ 1 Abs.2 S.2 Nr.1 lit. a KSchG), auch wenn diese nur unter geänderten Arbeitsbedingungen oder nach zumutbaren Umschulungs- und Fortbildungsmaßnahmen möglich ist (§ 1 Abs.2 S.3 KSchG). Diese stellen rechtssatzförmige Voraussetzungen einer Kündigung dar (unabhängig vom Widerspruch des Betriebsrates[145]) und sind die Konkretisierung des Ultima-Ratio-Prinzips bzw. des Grundsatzes der Erforderlichkeit im Kündigungsschutzrecht. Demnach ist die Kündigung nur als letztes Mittel zulässig, wenn diese nicht durch ebenso geeignete, aber (aus Sicht des AN) weniger belastende Maßnahmen auf technischem, organisatorischem oder wirtschaftlichem Gebiet vermieden werden kann.[146] Dieser Tatbestand stellt im Rahmen einer Maßnahmenanalyse der Personalfreisetzung ein entscheidendes Kriterium dafür dar, wann bzw. im Anschluss an welche anderen Maßnahmen überhaupt an (rechtswirksame) betriebsbedingte Kündigungen gedacht werden kann und beeinflusst damit unmittelbar die Gestaltung der Personalfreisetzungsplanung.

---

[143] Vgl. Küttner / Eisemann (2008): Kündigung, betriebsbedingt Rn.7 ; Schiefer (2005): S.5f. ; Stahlhacke / Preis / Vossen (2005): Rn.945 m.w.N..
[144] Vgl. Stahlhacke / Preis / Vossen (2005): Rn.933.
[145] Vgl. Brox / Rüthers / Henssler (2007): Rn. 502 ; Simon / Greßlin (2007): S.2455 ; Kittner / Zwanziger / Appel (2008): §92 Rn.14 m.w.N. .
[146] Vgl. Schmidt (2009): S. 12 ; Moll, Ittmann (2008): S. 323 ; Kittner / Zwanziger / Appel (2008): §91 Rn.37-38, §92 Rn.14 ; Stahlhacke / Preis / Vossen (2005): Rn.947, 918f..

a) Weiterbeschäftigungsmöglichkeit auf Unternehmensebene

Als Wirksamkeitsvoraussetzung betriebsbedingter Kündigungen ist demnach zunächst eine Versetzung der AN (i.S.d. §95 Abs.3 BetrVG) auf freie, vergleichbare, gleichwertige Arbeitsplätze in demselben oder in einem anderen Betrieb im Unternehmen vorzunehmen bzw. zu prüfen. Vergleichbar ist ein Arbeitsplatz, auf dem der AG die AN aufgrund seines Weisungsrechts nach § 106 GewO ohne Änderung ihres Arbeitsvertrages weiterbeschäftigen kann. Eine trotz Versetzungsmöglichkeit ausgesprochene Kündigung ist unwirksam.[147] Somit sind in einer Maßnahmenstrategie zunächst die örtlichen Personalfreisetzungsinstrumente umzusetzen und AN von Bereichen mit Personalüberhang in Bereiche mit Personalunterauslastung zu versetzen.

Wie *Besgen* mit Bezug auf die aktuelle Rechtsprechung schlüssig nachweist, wird dieses Direktionsrecht des AG durch die Gerichte sehr großzügig gehandhabt. So ist eine örtliche Versetzung trotz Nennung des Arbeitsortes in der Stellenbeschreibung, dessen zeitlicher Konkretisierung oder größerer Entfernung des neuen Arbeitsortes für den AG im Rahmen des §106 GewO zulässig. Selbst wenn der Arbeitsort vertraglich vereinbart ist, aber eine Klausel im Arbeitsvertrag auf das allgemeine Direktionsrecht des AG verweist, ist eine Versetzung an einen anderen Arbeitsort möglich.[148] Sind weniger freie Arbeitsplätze als zu kündigende AN vorhanden, so hat eine Sozialauswahl bei der Auswahl vorrangig zu versetzender Mitarbeiter zumindest nach billigem Ermessen i.S.d. § 315 BGB, §106 GewO oder nach h.M. sogar nach den Richtlinien des § 1 Abs. 3 KSchG zu erfolgen.[149] Somit kann arbeitsrechtlich ohne größere Einschränkung zunächst eine unternehmensweite Personalkapazitätsverlagerung aus Personalüberhang- in Personalbedarfsbereiche durchgeführt werden, um Beschäftigungsmangel zu beseitigen.

b) Vorrangiger Abbau von Leiharbeitnehmern?

Möglich scheint eine Weiterbeschäftigung auch auf Arbeitsplätzen zu sein, die die zu kündigenden AN ausfüllen können, die jedoch durch Leiharbeitnehmer besetzt sind. Dies ist ein in der Literatur konträr diskutiertes Thema und höchstrichterlich nicht entschieden. Es ist jedoch in der Auswahl einer Personalfreisetzungsstrategie entscheidend, ob Leiharbeitnehmer, deren Einsatz für den Unternehmer aus Flexibilitäts- oder Kostenaspekten sehr

---

[147] Vgl. Schmidt (2009): S. 13 ; Küttner / Eisemann (2008): Kündigung, betriebsbedingt Rn.12-14 m.w.N. .
[148] Vgl. hierzu ausführlich Besgen (2009): S.234-237 m.w.N..
[149] Vgl. Moll / Vossen (2005): §40 Rn.125-128 ; Kittner / Zwanziger / Appel (2008): §92 Rn.14.

vorteilhaft sein kann, vorrangig abgebaut werden müssen, bevor eigene AN entlassen werden können.

Werden die Leiharbeitnehmer nur als Vertretung ausgefallener AN (z.B. wegen Arbeitsunfähigkeit, Elternzeit, Urlaub etc.) eingesetzt, sind diese Arbeitsplätze nicht als Weiterbeschäftigungsmöglichkeit zu sehen, da sie nicht frei, sondern von den „Vertretenen" besetzt sind. Eine Weiterbeschäftigungsmöglichkeit und somit ein Unwirksamkeitsgrund betriebsbedingter Kündigungen ist ebenfalls zu verneinen bei einem sog. schwankendem Einsatz von Leiharbeitnehmern, die z.B. für kurzfristige Auftragsspitzen oder zur Überbrückung von Krankheits- und Fehlzeiten eingesetzt werden.[150] Der AG hat dann jedoch vor Gericht darzulegen, dass der Einsatz von Leiharbeitnehmern jeweils nur kurzfristig und unstet bei einem Ausfall von fest angestellten AN erfolgt, und dass im Zeitpunkt der Kündigung ein Einsatz von Leiharbeitnehmern über den Kündigungstermin hinaus nicht absehbar war.[151]

Im Fall von dauerhaft mit Leiharbeitnehmern besetzten Arbeitsplätzen geht die h.M. von einem Vorrang des Abbaus der Leiharbeit vor betriebsbedingten Kündigungen aus.[152] Dementsprechend hat auch das Landesarbeitsgericht (LAG) Hamm im Urteil vom 5.3.2007 entschieden, indem es ausdrücklich eine Weiterbeschäftigungsmöglichkeit auf dauerhaft mit Leiharbeitnehmern besetzten Arbeitsplätzen bestätigt.[153] Eine E-Mail-Anfrage vom 15.5.2009 beim BAG ergab, dass der dort unterliegende Betrieb von dessen Möglichkeit der Revision keinen Gebrauch gemacht hat, obwohl das LAG Hamm aufgrund der „grundsätzlichen Bedeutung der kündigungsrechtlichen Ausführungen" eine Revision ausdrücklich zugelassen hat.[154] Ein ähnlicher Fall zur Klärung dieser Frage ist beim BAG derzeit auch nicht anhängig, so dass dementsprechend auch keine höchstrichterliche Klärung dieser umstrittenen Rechtsfrage absehbar ist (Rechtsunsicherheit bleibt bestehen).

Simon / Greßlin und *Moll / Ittmann* sehen diesbezüglich einen richterlichen Eingriff in die unternehmerische Entscheidungsfreiheit, wenn hinter dem Einsatz von Leiharbeit ein schlüssiges unternehmerisches (Beschäftigungs-)Konzept steht, denn es sei Teil der betrieblichen Entscheidung, bestimmte Arbeiten im Unternehmen nur durch Fremdpersonal ausführen zu lassen. Dementsprechend sei der Arbeitsplatz auch nicht als frei anzusehen, da

[150] Vgl. Moll / Ittmann (2008): S.323f. ; Simon / Greßlin (2007): S. 2456.
[151] Vgl. LAG Hamm, Urteil vom 05.03.2007, 11 Sa 1338/06, BB 2007 2462-2464, zu Leitsatz 3. .
[152] Vgl. dazu m.w.N. Lindemann / Simon (2008): S. 2797 ; Simon / Greßlin (2007): S. 2455 ; Moll / Vossen (2005): §40 Rn.142 ; Stahlhacke / Preis / Vossen (2005): Rn.1023 ; Wimmer (1996): S. 1331.
[153] LAG Hamm, Urteil vom 05.03.2007, 11 Sa 1338/06, BB 2007 2462-2464, zu Leitsätze 2. und 3. .
[154] Vgl. Fn.145 zu Entscheidungsgründe Nr.90 des Urteils.

aufgrund dieses Beschäftigungskonzeptes des AG der Arbeitsplatz nicht für die Besetzung mit eigenen AN vorgesehen ist. Vielmehr stehe diese Entscheidung sogar unter dem Schutz der Rechtsordnung, denn Hauptzweck des Arbeitnehmerüberlassungsgesetzes (AÜG) ist es, Gestaltungsspielräume einer zulässigen Arbeitnehmerüberlassung zu eröffnen, was im Zuge der „Hartz-Reformen" 2002 durch die Aufhebung der bislang bestehenden Höchstüberlassungsdauer für Leiharbeitnehmer weiter gefestigt wurde[155]. Durch den Vorrang des Abbaus von Leiharbeit würde dem AG dadurch ein anderes als das von ihm bewusst gestaltete und bereits umgesetzte Beschäftigungskonzept aufgezwungen werden. Die zuvor durch Rechtsordnung zugestandene konzeptionelle Freiheit würde dadurch entzogen werden. Eine Weiterbeschäftigungsmöglichkeit für AN ist daher nach deren Auffassung bei dauerhaft mit Leiharbeitnehmern besetzten Arbeitsplätzen zu verneinen, wenn dahinter ein schlüssiges unternehmerisches Konzept steht. Auch *Vossen* vertritt diese Auffassung.[156]

Die aktuelle Rechtsprechung erkennt die unternehmerische Entscheidungsfreiheit bei der dauerhaften Besetzung von Arbeitsplätzen mit Leiharbeitnehmern jedoch nur in engen Grenzen an. Als Konsequenz sind alle Arbeitsplätze von dauerhaft eingesetzten Leiharbeitnehmern als Weiterbeschäftigungsmöglichkeit zu sehen.[157] Diese Weiterbeschäftigungsmöglichkeit ist bei konsequenter Auslegung der Rechtsprechung und der gesetzlichen Regelungen in §1 Abs.2 S.2 Nr.1 lit.b auf Unternehmensebene (nicht nur auf den Betrieb beschränkt) zu prüfen. Der dauerhafte Einsatz von Leiharbeitnehmern als unternehmerisches Gestaltungsmittel wird dem AG damit durch den vorrangigen Abbau vor betriebsbedingten Kündigungen versagt.[158] Damit ist die Maßnahme des Abbaus von Leiharbeitnehmern noch vor der betriebsbedingten Kündigung in die Personalfreisetzungsplanung zu integrieren. Die Gestaltungsmöglichkeiten im Personalfreisetzungsprozess wird also normativ weiter vorgegeben. Alleine die umfangreiche Kritik an dem richterlichen Eingriff in die Unternehmensentscheidung bei der Frage der Leiharbeit zeigt, dass der Personalfreisetzungsprozess bereits durch rechtliche Normen weitgehend determiniert ist.

---

[155] Ein im Schriftum häufig gesehener Hauptzweck des AÜG, flexibel auf Anpassungsrückgänge reagieren zu können, ist damit zu verneinen, da der Gesetzgeber einen dauerhaften Einsatz von Leiharbeitnehmer ausdrücklich zulässt.

[156] Vgl. Simon / Greßlin (2007): S. 2454-2456 ; Moll / Vossen (2005): §40 Rn.142 ; Moll / Ittmann (2008): S.326-328 vgl. hierbei vor allem die Problematik mit der arbeitgeberseitigen Begründung eines unternehmerischen Konzepts hinter dem dauerhaften Einsatz von Leiharbeitnehmern.

[157] Vgl. Simon / Greßlin (2007): S. 2456.

[158] Vgl. Simon / Greßlin (2007): S.2456.

c) Weiterbeschäftigung zu veränderten Arbeitsbedingungen

Die Verpflichtung zur Weiterbeschäftigungsmöglichkeit trifft den AG auch, wenn diese erst nach zumutbaren Maßnahmen der Fortbildung oder Umschulung[159] der AN möglich ist. Der Begriff der Umschulung ist in § 1 Abs.5 BBiG definiert und soll den AN zu einer anderen beruflichen Tätigkeit befähigen. Daraus ergibt sich, dass der AN auch zu veränderten Arbeitsbedingungen weiter zu beschäftigen ist, wenn zur Zeit der Kündigung ein freier Arbeitsplatz auf Unternehmensebene besteht oder voraussichtlich nach Abschluss der Umschulungsmaßnahme frei wird.[160] Damit sind neben den örtlichen auch die qualitativen Personalfreisetzungsmaßnahmen der quantitativ wirkenden betriebsbedingten Kündigung vorzuziehen, wenn entsprechende Weiterbeschäftigungsmöglichkeiten bestehen.

Ist eine Versetzung i.R.d. Direktionsrechts des AG aufgrund fehlender vergleichbarer, freier Arbeitsplätze nicht möglich, so ist den AN vor dem Ausspruch betriebsbedingter Kündigungen auch die Möglichkeit einer unternehmensweiten Weiterbeschäftigungsmöglichkeit zu geänderten (gleich- oder geringwertigeren) Arbeitsbedingungen im Rahmen einer Änderungskündigung anzubieten. Eine betriebsbedingte Kündigung ohne ein vorheriges Änderungsangebot des AG ist bei zumutbarer Weiterbeschäftigungsmöglichkeit unwirksam.[161] Dieser sog. Vorrang der Änderungskündigung[162] vor betriebsbedingten Kündigungen ergibt sich aus § 1 Abs. 2 S.3 Alt.3 KSchG. Ist die Anzahl zu kündigender AN höher als die Anzahl freier Arbeitsplätze (zu veränderten Bedingungen) im Unternehmen, so hat auch im Rahmen der Änderungskündigung eine Sozialauswahl zu erfolgen. Bedingt dadurch und durch die Einhaltung von Kündigungs- und Überlegungsfristen der AN bei der Änderungskündigung können sich in der Praxis erhebliche Schwierigkeiten (v.a. zeitliche Verzögerungen) für den AG bei der Umsetzung betriebsbedingter Kündigungen ergeben. Dazu sei weiterführend auf den Artikel von *Neef / Neef*[163] verwiesen, der genau diese Problematik erörtert. Es sind somit zunächst alle freien oder demnächst frei werdenden Arbeitsplätze im Betrieb durch örtliche und qualitative Personalfreisetzungsmaßnahmen zu besetzen.

d) Kurzarbeit als milderes Mittel?

---

[159] Vgl. zur Zumutbarkeit Küttner / Eisemann (2008): Kündigung, betriebsbedingt Rn.15.
[160] Vgl. Kittner / Zwanziger / Appel (2008): §92 Rn.19 ; Moll / Vossen (2005): §40 Rn. 129-131.
[161] Vgl. Schmidt (2009): S.13 ; Kittner / Zwanziger / Appel (2008): §92 Rn.18 ; Küttner / Eisemann (2008): Kündigung, betriebsbedingt Rn.18 ; Moll / Vossen (2005): §40 Rn.132-136.
[162] Vgl. Stahlhacke / Preis / Vossen (2005): Rn.1007.
[163] Neef, Klaus / Neef, Dirk (2006): Von der Unmöglichkeit der betriebsbedingten Kündigung, in: NZA, 23.Jg., Heft 22/2006, S.1241-1246.

Während die Kürzung der allgemeinen Arbeitszeit aller AN als vorrangiges milderes Mittel ausscheidet[164], ist der Vorrang der Kurzarbeit vor betriebsbedingten Kündigungen in der Literatur umstritten und durch das BAG nicht abschließend geklärt. Aufgrund der grundsätzlichen Bedeutung für die Gestaltung der Personalfreisetzung soll dieser Frage ausführlich nachgegangen werden.

Während sich bspw. *Lindemann / Simon* klar gegen eine Verpflichtung des AG zur Anordnung von Kurzarbeit vor betriebsbedingten Kündigungen aussprechen[165], erwähnen andere Autoren Kurzarbeit nicht als mildere Maßnahme und entziehen sich damit einer klaren Aussage bzw. verneinen den Vorrang der Kurzarbeit indirekt.[166] Dies ist auf die unbeständige Rechtsprechung des BAG zurückzuführen:

Im Urteil vom *25.06.1964* hat das BAG die Ansicht vertreten, dass im Zuge einer Interessensabwägung auch die richterliche Prüfung erfolgen kann, ob der AG nicht durch Anordnung von Kurzarbeit Entlassungen hätte vermeiden können.[167]

Im Beschluss vom *04.03.1986* hat das BAG dann festgehalten, dass das Arbeitsgericht grundsätzlich nicht überprüfen kann, ob eine ausgesprochene betriebsbedingte Kündigung durch Kurzarbeit hätte vermieden werden können, sondern dass es vielmehr Sache der Betriebspartner sei (AG und Betriebsrat), über die Einführung von Kurzarbeit zu entscheiden. Insbesondere wenn der Betriebsrat dabei nicht von seinem Initiativrecht[168] zur Einführung von Kurzarbeit Gebrauch mache, sei eine betriebsbedingte Kündigung gerechtfertigt.[169] Die Einführung von Kurzarbeit wurde hier also weg von einer gerichtlichen Prüfung in die Verantwortung der Betriebsparteien übertragen. Diese Auffassung wird durch das Urteil vom *11.06.1986* bestätigt, indem das BAG nochmals auf diesen Beschluss verweist.[170]

Kurze Zeit später wurde diese Frage im BAG-Urteil vom *15.06.1989* wieder ausdrücklich offen gelassen, indem auf das Urteil vom *25.07.1964* Bezug genommen wird und in der Begründung für die Wirksamkeit der Kündigung folgendes konstatiert wird:

[164] Vgl. Küttner / Eisemann (2008): Kündigung, betriebsbedingt Rn.19 ; Stahlhacke / Preis / Vossen (2005): Rn. 1022 ; Moll / Vossen (2005): §40 Rn.138.
[165] Vgl. Lindemann / Simon (2008): S.2796 m.w.N. .
[166] Vgl. Schmidt (2009): S. 11-13 ; Pulte (2005): S. 53.
[167] BAG 2. Senat, Urteil vom 25.06.1964 – 2 AZR 382/63, AP Nr. 14 zu § 1 KSchG betriebsbedingte Kündigung, zu Leitsatz 3.
[168] Vgl. hierzu die Ausführungen in Abschnitt 3.5.
[169] BAG 1. Senat, Beschluss vom 04.03.1986 – 1 ABR 15/84, EzA Nr. 17 zu § 87 BetrVG 1972 Arbeitszeit, zu II 3g) der Gründe.
[170] BAG 2. Senat, Urteil vom 11.09.1986 – 2 AZR 564/85, EzA Nr. 54 zu § 1 KSchG Betriebsbedingte Kündigung, zu I 4c) der Gründe.

„Das LAG hat die Dringlichkeit der Personalreduzierung auch ohne Rechtsfehler deshalb bejaht, weil mit Kurzarbeit dem festgestellten andauernden Arbeitsmangel nicht hätte begegnet werden können. Die Frage nach der Kurzarbeit ist materiell-rechtl. die Frage nach der Dauer des Arbeitsmengenmangels. Besteht dieser nicht nur vorübergehend, ist ein Beendigungsgrund gegeben.“[171] Damit rügt das BAG nicht, wie in den Urteilen zuvor, die Prüfung der Kurzarbeit als milderes Mittel und „billigt“ damit eine gerichtliche Prüfung der Voraussetzungen zur Einführung der Kurzarbeit.

Im Urteil vom *26.06.1997* hat das BAG erneut Stellung zur Kurzarbeit bezogen, diesmal in einem Streitfall über eine betriebsbedingte Kündigung während der Kurzarbeit. Das Vorliegen der sozialrechtlichen Voraussetzungen zum Bezug von Kurzarbeitergeld (KuG)[172] ist demnach arbeitsrechtlich als Indiz dafür zu sehen, dass der Arbeitsmangel nur vorübergehend ist. Der beweisbelastete AG kann dies jedoch durch Vorbringen weiterer Gründe (die einen dauerhaften Beschäftigungsmangel bedingen) entkräften, weshalb eine betriebsbedingte Kündigung grundsätzlich auch während der Kurzarbeit möglich ist.[173] Dies kann durchaus dahingehend interpretiert werden, dass das BAG die Prüfung der Kurzarbeit als milderes Mittel zur Vermeidung betriebsbedingter Kündigungen voraussetzt.[174]

Zu beachten ist bei einer Beantwortung dieser Streitfrage das der Erforderlichkeitsprüfung immanente Merkmal der Geeignetheit. Danach kommt nur ein zur Befriedigung des konkreten betrieblichen Zwecks geeignetes milderes Mittel zur Vermeidung einer Beendigungskündigung in Betracht. Darüber hinaus sind die Grenzen des Verhältnismäßigkeitsprinzips hinsichtlich der Wahl milderer Mittel zu beachten, denn dem AG können nur solche milderen Mittel zur Vermeidung der Kündigung auferlegt werden, die zu ergreifen ihm rechtlich und tatsächlich möglich sind.[175]

Deshalb ist auch die Frage des Vorranges der Kurzarbeit Zweck- und Einzelfallbezogen zu entscheiden. Bei der hier vorliegenden selbstbindenden Unternehmensentscheidung auf Grundlage der Wirtschafts- und Finanzkrise (als Kündigungszweck), bei der die Beschäftigung an die Auftrags- / Umsatzrückgänge und den resultierenden verminderten Arbeitsbe-

---

[171] BAG 2. Senat, Urteil vom 15.06.1989 - 2 AZR 600/88, AP Nr. 45 zu §1 KSchG Betriebsbedingte Kündigung, zu II 1b) cc) der Gründe.

[172] Wozu auch zählt, dass der Arbeitsausfall nur vorübergehend ist.

[173] BAG 2. Senat, Urteil vom 26.06.1997, 2 AZR 494/96, AP Nr. 86 zu § 1 KSchG 1969 Betriebsbedingte Kündigung, zu II 2b) der Gründe; Vgl. zur Kündigung während der Kurzarbeit auch Cohnen / Röger (2009): S. 48 oder Jüngst (2009): S.167.

[174] Vgl. Küttner / Eisemann (2008): Kündigung, betriebsbedingt Rn.53 ; Kittner / Zwanziger / Appel (2008): §92 Rn. 20

[175] Vgl. Stahlhacke / Preis / Vossen (2005): Rn.918.

darf angepasst werden soll, ist die Kurzarbeit durchaus als vorrangiges milderes Mittel zu sehen, das einer richterlichen Überprüfung unterliegt. Bei fehlender Umsetzung durch den AG führt dies zur Unwirksamkeit der betriebsbedingten Kündigung (im Falle einer Kündigungsschutzklage des AN). Deshalb ist Kurzarbeit in der aktuellen Wirtschaftskrise ein gegenüber der Beendigungskündigung vorrangiges, der gerichtlichen Überprüfung unterliegendes milderes Mittel. Gemäß § 2 Abs. 2 SGB III[176] hat der AG in seine Entscheidungen auch die Leistungen der Arbeitsförderung zur Vermeidung von Entlassungen mit einzubeziehen. Damit wird nochmals das Ultima-Ratio-Prinzip des KSchG bestätigt und bewusst auf die arbeitsförderrechtlichen Maßnahmen, zu denen auch Kurzarbeit zählt, verwiesen. Bereits im Urteil vom 26.06.1997 hatte das BAG in seiner Entscheidung die Verknüpfung von Arbeitsrecht und Sozialversicherungsrecht hergestellt. Mit den rechtlichen Regelungsänderungen im Rahmen des Maßnahmenpaketes der Bundesregierung vom 6.11.2008[177] ist das Instrument der Kurzarbeit zudem verstärkt als vorrangiges Mittel zur Überbrückung der aktuellen Krise hervorgehoben worden. Gleichzeitig ist durch die Ausweitung der Bezugsdauer des Kurzarbeitergeldes (KuG) auf mittlerweile 24 Monate der Begriff des „vorübergehenden Arbeitsausfalls" sozialrechtlich auf zwei Jahre heraufgesetzt worden. Liegen die sozialrechtlichen Voraussetzungen zur Kurzarbeit also vor und ist dem AG ein Einsatz der Kurzarbeit rechtlich möglich (durch einzel-, tarifvertragliche oder betriebsverfassungsrechtliche Reglungen bzw. ohne vorherige Ablehnung des Betriebsrates nach §87 Abs.1 BetrVG), so ist der Vorrang der Kurzarbeit vor betriebsbedingten Kündigungen eindeutig zu bejahen, da dies ein verhältnismäßiges zweckdienendes Mittel darstellt.[178] Selbst wenn der Betriebsrat nicht von seinem Initiativrecht zur Einführung der Kurzarbeit Gebrauch macht, ist eine höchstrichterliche Entscheidung wohl dahingehend zu erwarten, dass die auf außerbetrieblichen Umständen beruhende selbstbindende Unternehmensentscheidung ohne eine vorherige Prüfung oder Anordnung der Kurzarbeit an der fehlenden betriebsbedingten Dringlichkeit scheitert. Denn verweist das BAG bisher noch auf das notwendige Initiativrecht des Betriebsrates, so wird der AG nicht zuletzt aufgrund des § 2 SGB III auch ohne dessen Handeln gerichtsfest darzulegen haben, warum dem angeführ-

[176] Welches am 24. März 1997 in Kraft trat.
[177] Unter dem Titel „Beschäftigungssicherung durch Wachstumssicherung", vgl. Pressemitteilung „Kurzarbeitergeld kann länger gezahlt werden" des Bundesministeriums für Arbeit und Soziales vom 12.11.2008 ; näheres dazu im folgenden Kapitel.
[178] Vgl. dazu die ähnliche Auffassung bei Küttner / Eisemann (2008): Kündigung, betriebsbedingt Rn.53 ; Kittner / Zwanziger / Appel (2008): §92 Rn. 20 ; Moll / Vossen (2005): §40 Rn. 141 ; Stahlhacke / Preis / Vossen (2005): Rn. 1020f. .

ten Auftragsrückgang nicht durch die Anordnung von Kurzarbeit begegnet werden kann. Dies erscheint gerade vor dem Hintergrund des Maßnahmenpaketes der Bundesregierung in der aktuellen konjunkturellen Krise als schwer darlegbar.

Von einem pauschal ausgesprochenen Vorrang der Kurzarbeit muss jedoch abgesehen werden, da bei gestaltenden unternehmerischen Entscheidungen (bspw. nach der Streichung einer Hierarchiestufe) die Kurzarbeit kein geeignetes Mittel darstellt, wenn eindeutig dauerhaft Arbeitsplätze entfallen. Aus der arbeitsplatzerhaltenden Funktion der konjunkturell bedingten Kurzarbeit ist demgegenüber bei der auf Auftragsmangel beruhenden selbstbindenden Unternehmensentscheidung die Vorrangstellung der Kurzarbeit gegeben.

e) Abbau von Überstunden

Neben dem eben dargestellten Vorrang der Kurzarbeit hat auch der Abbau von Überstunden als mildere Maßnahme vor dem Ausspruch betriebsbedingter Kündigungen zu erfolgen.[179] Denn werden zum Zeitpunkt betriebsbedingter Kündigungen noch Überstunden geleistet, kommt damit ein offenkundiger Personalbedarf zum Vorschein und die Kündigung scheitert an der dringenden Erfordernis.[180] Damit wird eine weitere zeitliche Personalfreisetzungsmaßnahme im Gestaltungsprozess der Personalfreisetzung normativ vorgegeben.

f) Vorverlegung der Urlaubsplanung

Gerade bei einem Auftragsmangel als selbstbindende Unternehmensentscheidung ist auch die Anordnung von Werksferien als milderes Mittel zu sehen, das vor betriebsbedingten Kündigungen zu ergreifen ist.[181]

Insgesamt ergibt sich durch die Prüfung milderer Mittel als Wirksamkeitsvoraussetzung betriebsbedingter Kündigungen ein Vorgehen im Personalfreisetzungsprozess, welches rechtlich determiniert ist.

4.3.3 Sozialauswahl und Einfluss des Betriebsrates

Aber selbst wenn dringende betriebliche Erfordernisse vorliegen, ist die Kündigung gem. § 1 Abs. 3 KSchG sozialwidrig, wenn der AG bei der Auswahl der AN die Dauer der Be-

---

[179] Vgl. Küttner / Eisemann (2008): Kündigung, betriebsbedingt Rn.19 ; Moll / Vossen (2005): §40 Rn. 139-140.

[180] Vgl. Stahlhacke / Preis / Vossen (2005): Rn.1023.

[181] Vgl. Stahlhacke / Preis / Vossen (2005): Rn.1024.

triebszugehörigkeit, das Lebensalter, die Unterhaltspflichten und die Schwerbehinderung nicht oder nicht ausreichend berücksichtigt hat.
Für die Personalfreisetzungsplanung bedeutet dies, dass der AG neben den Kündigungsbeschränkungen im Rahmen des besonderen Kündigungsschutzes, einzel-/ tarifvertraglicher oder betriebsverfassungsrechtlicher Regelungen durch zusätzliche rechtliche Anforderungen in der freien Auswahl zu entlassender AN beeinflusst wird.

Dies ist relevant für das in Abschnitt 3.2 definierte Beurteilungskriterium der Steuerbarkeit und Planbarkeit einer Maßnahme sowie für die als Oberziel definierte Sicherung der Überlebensfähigkeit des Unternehmens. Denn durch die Berücksichtigung der oben genannten sozialen Aspekte ist eine rein nach betrieblichen Interessen (z.B. Erhalt einer leistungsfähigen, altersmäßig ausgewogenen Personalstruktur) orientierte Auswahl „abzubauender" AN durch rechtliche Regelungen eingeschränkt.

Im Rahmen des § 1 Abs.3 S.2 kann der AG zwar auch sozial weniger schutzbedürftige und damit nach sozialen Gesichtspunkten vorrangig zu entlassene AN von der Sozialauswahl ausnehmen, dies ist jedoch nur aufgrund berechtigter individueller (Leistung, Kenntnisse, Fähigkeiten) oder struktureller Interessen (Sicherung einer ausgewogenen Personalstruktur), also nach Darlegung nachvollziehbarer Sachgründe möglich. Die Hauptschwierigkeit wird also darin liegen, die Sozialauswahl so vorzunehmen, dass sie sowohl den betrieblichen Interessen wie auch den gesetzlichen Anforderungen möglichst gerecht werden.[182] Eine rein betriebswirtschaftliche Auswahl entspricht nicht dem Gesetz, so dass eine Herausnahme von AN aus der Sozialauswahl die Ausnahme bleibt.[183] Eine derartige, häufig mit einem Abbau jüngerer AN verbundene Sozialauswahl und häufig vollzogene zeitgleiche Förderung von Vorruhestandsregelungen kann schnell den Effekt eines Zusammenschrumpfens der Altersstruktur bewirken. Eine Häufung der 40- und 50-jährigen Mitarbeiter ist das Ergebnis, was künftige Krisen geradezu heraufbeschwört.[184]

Sind in einem Tarifvertrag oder einer Betriebsvereinbarung nach § 95 BetrVG Richtlinien festgelegt, wie die Gewichtung der sozialen Gesichtspunkte zu erfolgen hat, so kann die richterliche Prüfung der Sozialauswahl nur auf grobe Fehlerhaftigkeit überprüft werden (§

182 Vgl. Lindemann / Simon (2008): S. 2801.
183 Vgl. ausführlich zu den Möglichkeiten der Sozialauswahl Küttner / Eisemann (2008): Kündigung, betriebsbedingt Rn.38-41 ; Lindemann / Simon (2008): S.2802.
184 Vgl. Marr / Steiner (2003): S.61.

1 Abs.4 KSchG). Grob fehlerhaft ist diese dann nur, wenn die sozialen Kriterien dort nicht oder völlig unausgewogen berücksichtigt wurden.[185] Somit ergibt sich für den AG durch die Aufstellung solcher Auswahlrichtlinien eine Verminderung des Prozessrisikos. Eine Abwägung der sozialen Aspekte in einem Punkteschema stellt bereits eine Auswahlrichtlinie nach § 95 BetrVG dar und ist mitbestimmungspflichtig[186]. Demnach hat der Betriebsrat bei der Aufstellung solcher Auswahlrichtlinien seine Zustimmung zu erteilen. Bei Betrieben mit mehr als 500 AN kann dieser sogar die Aufstellung von Richtlinien verlangen (§ 95 Abs. 2). Falls keine Einigung mit dem AG zustande kommt, kann die Einigungsstelle angerufen werden um eine Entscheidung herbeizuführen. Damit ist der AG auch hier in einer freien Entscheidung durch den Einfluss der Arbeitnehmervertretung eingeschränkt. Dies ist vor allem vor dem Hintergrund schwieriger Verhandlungen mit dem Betriebsrat, der damit verbundenen zeitlichen Verzögerung der erwünschten Personalkostenreduzierung und zusätzlichen Kosten (z.B. die Kosten der Einigungsstelle) zu sehen. Zudem ergeben sich dadurch auch taktische Einflussmöglichkeiten für den Betriebsrat, seine Interessen bei Auswahlrichtlinien durchzusetzen, zumal dieser vor allem auf die Kriterien Lebensalter und Betriebszugehörigkeit Wert legen wird, der AG eher an einer altersmäßig ausgewogenen und leistungsfähigen Personalstruktur interessiert ist (Zielkonflikt). Wenn es dem AG gelingt, die Sozialauswahl so vorzunehmen, dass junge Leistungsträger erhalten bleiben und dafür ein größerer Teil älterer AN gekündigt wird, sind dementsprechend hohe Abfindungszahlungen die Folge.[187] Dies ist wiederum vor dem definierten Ziel einer spürbaren Kostenentlastung zu sehen, was dadurch beeinträchtigt wird.

Zudem ist vor Ausspruch einer betriebsbedingten Kündigung gem. § 102 Abs.1 BetrVG der Betriebsrat zu hören. Eine ohne Anhörung des Betriebsrats ausgesprochene Kündigung ist unwirksam. Der Betriebsrat kann der Kündigung aus den in § 102 Abs. 3 BetrVG genannten Gründen widersprechen, wozu vor allem eine fehlerhafte Sozialauswahl oder ein Verstoß gegen aufgestellte Auswahlrichtlinien zählen. Ein solcher Widerspruch führt zwar nicht zur Unwirksamkeit der Kündigung, aber für den AN verbessern sich dadurch die Chancen in einem Kündigungsschutzprozess und er hat gem. § 102 Abs.5 BetrVG bis zu dessen rechtskräftigen Abschluss einen Weiterbeschäftigungsanspruch. Vor allem letzteres

---

[185] BAG 2. Senat, Urteil vom 21.01.1999, 2 AZR 624/98, AP Nr. 3 zu § 1 KSchG 1969 Namensliste, zu Leitsatz 1.

[186] Vgl. Lindemann / Simon (2008): S. 2801.

[187] Vgl. Krüger (2005a): S. 22 mit Berechnungsformeln und Abfindungsstaffeln.

steht dem eigentlichen Ziel der Kündigung entgegen, denn dadurch verzögert sich die erwünschte Personalkosten- und Personalkapazitätsreduzierung durch die weiterbestehende Verpflichtung des AG zur Lohnfortzahlung. Der Zweck des § 102 Abs.1 BetrVG wird dementsprechend auch vom BAG darin gesehen, dass der Betriebsrat Einfluss auf den Kündigungsentschluss des AG nimmt und damit dessen Willensbildungsprozess im Vorfeld der Kündigung beeinflusst.[188]

Hier wird die Notwendigkeit deutlich, den Betriebsrat möglichst frühzeitig im Rahmen des § 92 BetrVG in die Maßnahmenplanung einzubeziehen, um bei eben erwähnten Zustimmungspflichtigen Maßnahmen die Kooperationsfähigkeit des Betriebsrates nicht schon vorab negativ zu beeinträchtigen.

4.4 Massenentlassung – Betriebsänderung – Interessensausgleich / Sozialplan

Vor dem Hintergrund der Anpassungsfähigkeit der Maßnahme als Beurteilungskriterium für dessen Eignung ist entscheidend, dass aufgrund des aktuell hohen Personalüberhanges bei Personalabbau schnell eine Massenentlassung vorliegt.

Entlässt der AG ab einer bestimmten Betriebsgröße (mehr als 20 AN) einen größeren Teil der AN (vgl. Richtgrößen des §17 Abs.1 KSchG), so liegt eine anzeigepflichtige Massenentlassung vor, wenn dies innerhalb eines Zeitraums von 30 Tagen stattfindet. Eine wirksame Anzeige bei der Agentur für Arbeit ist dann Wirksamkeitsvoraussetzung der Kündigung.

Neben der Anzahl der zu entlassenden AN (gem. § 17 Abs.1 KSchG) ist der Zugang der Kündigung nach § 130 Abs.1 BGB als Zeitpunkt für die in § 17 Abs.1 S.1 KSchG genannte Frist von 30 Kalendertagen maßgeblich. Zudem ist für diesen Zeitraum auch das dahinterstehende unternehmerische Konzept ausschlaggebend: Entlässt der der AG aufgrund des Auftragsrückganges etappenweise AN[189], so steckt dahinter eine einheitliche unternehmerische Entscheidung und die Entlassungen sind bei Erreichen der Richtgrößen des § 17 KSchG unabhängig vom 30-Tage-Zeitraum bei der Agentur für Arbeit anzeigepflichtig.[190]

Entlässt der AG also zunächst eine für den § 17 KSchG nicht relevante Anzahl an AN, ent-

---

[188] BAG 2.Senat, Urteil vom 16.09.1993, 2 AZR 267/93, AP Nr.62 zu §102 BetrVG 1972, zu B II 2.a) der Entscheidungsgründe.

[189] Um damit die anzeigepflichtigen Entlassungsgrenzen innerhalb der 30 Tage Frist nicht zu überschreiten, sondern mehrere Zeiträume zu verteilen.

[190] BAG 1.Senat, Beschluss vom 28.03.2006, 1 ABR 5/05, AP Nr.12 zu §112a BetrVG 1972, zu Leit- und Orientierungssätze 1. & 2. ; sowie Küttner / Kreitner (2008): Massenentlassung Rn.16.

steht die Anzeigepflicht auch nachträglich für zunächst wirksam ausgesprochene Kündigungen, wenn die Richtgrößen durch weitere Entlassungen erreicht werden. Dadurch würden alle Kündigungen unheilbar nichtig und damit unwirksam werden[191]. Die Kündigungen müssten zunächst bei der Agentur für Arbeit angezeigt und dann erneut ausgesprochen werden.[192] Die damit verbundenen Verschiebungen der Beendigungszeitpunkte der Arbeitsverhältnisse können je nach wirtschaftlicher Situation des Unternehmens existenzgefährdend sein.[193] Damit ist das Anpassungspotential[194] dieses Instrumentes der betriebsbedingten Kündigung stark eingeschränkt, wenn der AG nicht die mit erheblichen finanziellen Belastungen verbundene Massenentlassungsgrenze erreichen will.

Doch selbst bei rechtzeitiger und fehlerfreier Anzeige bei der Agentur für Arbeit ergeben sich zeitliche Verzögerungen bei der Beendigung der Arbeitsverhältnisse, die dem Ziel der schnellstmöglichen Personalkostenreduzierung entgegenstehen. Denn die ordnungsgemäße Meldung über die beabsichtigte Massenentlassung bei der Agentur für Arbeit setzt regelmäßig eine einmonatige Entlassungssperre gem. § 18 KSchG in Gang, die auch auf zwei Monate heraufgesetzt werden kann. Somit verschiebt sich die durch Kündigungsfristen sowieso schon verzögerte Personalkostenentlastung nochmals nach hinten.[195] Zudem hat der AG den Betriebsrat rechtzeitig und in schriftlicher, detailierter Form über die geplante Massenentlassung zu unterrichten und vorab mit diesem über Möglichkeiten zur Vermeidung von Entlassungen und Abmilderung ihrer Folgen zu beraten (§ 17 Abs.2 KSchG). Eine schriftliche Stellungnahme des Betriebsrats ist mitunter Wirksamkeitsvoraussetzung der Anzeige (§ 17 Abs. 3 KSchG).

Den Entlassungen stehen bei der Berechnung der in § 17 KSchG genannten Arbeitnehmerzahlen auch andere Beendigungsformen gleich, die vom AG veranlasst wurden, also z.B. der arbeitnehmerseitigen Kündigung unter Druck des AG (Druckkündigung), Aufhebungsverträge oder Änderungskündigungen (wenn diese durch Ablehnung des AN zur Beendigung des Arbeitsverhältnisses führten).[196] Dadurch stellt Personalabbau bei einem hier vorliegenden akuten Auftragsrückgang schnell eine Massenentlassung dar. Hierbei wird die

191 Vgl. ErfKomm / Kiel (2008): KSchG §17 Rn.36.
192 Vgl. ErfKomm / Kiel (2008): KSchG §17 Rn.17.
193 Vgl. Lindemann / Simon (2008): S.2801.
194 Vgl. dazu die Ausführungen zu Beurteilungskriterien einer Maßnahme in Abschnitt 2.6.
195 Vgl. Schmidt (2009): S.16.
196 Vgl. Kittner / Zwanziger / Becker (2008): §100 Rn.8f. ; Küttner / Kreitner (2008): Massenentlassung Rn.8-11 ; ErfKomm / Kiel (2008): §17 KSchG Rn.12-16.

direkte Einwirkung des Staates als regulatorische Interessensgruppe in den Personalfreisetzungsprozess deutlich.[197] Denn hatte diese Vorschrift einst den Zweck, dass sich die Arbeitsagentur frühzeitig auf Massenentlassung einstellen konnte um geeignete Vorkehrungen zu treffen, dient diese Norm heute mehr der sachlichen Erschwernis der Entlassungsmöglichkeiten.[198] Dahinter steckt das Interesse des Gesetzgebers, einen mit erheblichen staatlichen Leistungen verbundenen Anstieg der volkswirtschaftlichen Arbeitslosigkeit bestmöglich zu verhindern.

Neben der vor allem mit zeitlichen Verzögerungen und administrativen Erschwernissen verbundenen Anzeigepflicht ist jedoch der Aspekt des Vorliegens einer Betriebsänderung entscheidender. Erfolgt eine solche Massenentlassung, liegt zumeist auch eine Betriebsänderung i.S.d. § 111 BetrVG vor.

Denn auch wenn, wie in dieser Untersuchung zugrunde gelegt, die Betriebsstruktur als solche erhalten bleibt, stellt bei Erreichen der Richtgrößen des §112a Abs.1 BetrVG bereits ein bloßer Personalabbau eine Betriebsänderung i.S.d. § 111 S.3 Nr.1 BetrVG dar.

Für den AG sind mit dem Vorliegen einer Betriebsänderung umfangreiche rechtliche Verpflichtungen verbunden, die zu wirtschaftlichen Belastungen und zeitlichen Verzögerungen für das Unternehmen führen: Der AG hat den Betriebsrat gem. § 111 S. 1 BetrVG rechtzeitig und umfassend zu informieren und die geplante Betriebsänderung mit diesem zu beraten. Er hat das in § 112 BetrVG vorgesehene Interessenausgleichs- und Sozialplanverfahren durchzuführen, das in zeitlicher Hinsicht mangels gesetzlich definierter Höchstdauer für ihn kaum kalkulierbar ist. Und schließlich hat er sich, vorbehaltlich der Ausnahmeregelung des § 112a Abs.2 BetrVG, auf Ausgleichs- und Abfindungszahlungen aus dem abzuschließenden Sozialplan einzustellen. Damit werden die inhaltlichen und taktischen Einflussmöglichkeiten des Betriebsrats bei Entlassungen deutlich erweitert, der im Falle einer Betriebsänderung über die Interessenausgleichs- und Sozialplanverhandlungen aktiv auf die Personalfreisetzungsplanung des AG Einfluss nehmen kann. Vor diesem Hintergrund wird der AG durch die verschiedenen Möglichkeiten zur Einflussnahme des Betriebsrats faktisch dazu gedrängt, beschäftigungserhaltende Maßnahmen (vor allem Kurzarbeit) einem Personalabbau vorzuziehen.

Einigen sich Unternehmer und Betriebsrat über das ob, wann und wie der Betriebsänderung und treffen sie hierzu eine schriftliche Vereinbarung, so heißt diese „Interessenausgleich".

---

[197] Vgl. dazu die Darstellung des konfliktorientierten Ansatzes im Personalfreisetzungsprozess in *Anhang A*.
[198] Vgl. hierzu ausführlich ErfKomm / Kiel (2008): §17 KSchG Rn.2-4.

Eine Vereinbarung über den Ausgleich oder die Milderung der wirtschaftlichen Nachteile, die den AN infolge der geplanten Betriebsänderung entstehen, wird hingegen als „Sozialplan“ bezeichnet. Dieser knüpft an die Folgen der Betriebsänderung an und soll sie für die Betroffenen sozial verträglich gestalten. Über den Inhalt des Sozialplans verfügen die Betriebspartner über einen weiten Spielraum bei den Verhandlungen.[199]

Der Kernbestand der klassischen Sozialpläne sind Abfindungszahlungen für die ausscheidenden AN, die meist nach einer Formel mit den Faktoren Lebensalter, Betriebszugehörigkeit und Bruttogehalt berechnet werden. Daneben sehen viele Sozialpläne vor, dass Beschäftigte ab einem bestimmten Alter bis zum Eintritt des Rentenbezugs Aufstockungszahlungen zum Arbeitslosengeld erhalten.[200] Eine Betriebsbefragung des Instituts für Arbeitsmarkt- und Berufsforschung (IAB) aus dem Jahr 2001 ergab, dass die Sozialpläne durchschnittlich 31400 DM für jeden entlassenen Beschäftigten veranschlagen. Die durchschnittliche Verhandlungszeit bis zum Abschluss eines Sozialplans lag bei sechs Wochen (Maximum bei acht Monaten).[201] Eine jüngere empirische Untersuchung ergab, dass die durchschnittliche Sozialplanleistung bei durchschnittlich 25500 Euro pro AN liegt.[202] Die angesprochenen Aspekte widersprechen dem definierten Ziel einer kurzfristig realisierbaren Personalkosten- und Personalkapazitätsreduzierung. Auch *Drumm* weist auf die erheblichen Auszahlungen bei Sozialplänen und die lange Verhandlungsdauer hin.[203]

Ehlers kommt in seiner Analyse zu der Feststellung, dass durch den unter Umständen nicht zu vermeidenden Sozialplan, Nachteilsausgleichsansprüchen gem. § 113 BetrVG bei fehlerhaftem Vorgehen, die Möglichkeit des Betriebsrats zur Einbeziehung eines Beraters gem. § 111 BetrVG und nicht vorhersehbare Kündigungsschutzprozessen die finanzielle Belastung für den AG kaum planbar ist und für die Gesamtliquidität des Unternehmens belastend werden kann. Zudem bindet der hohe administrative Aufwand Personal im Unternehmen und verursacht zusätzliche indirekte Kosten.[204]

---

199 Vgl. Schmidt (2009): S.17f. oder ausführlich Kittner / Zwanziger / Deinert (2008): §12 Rn.118-125.
200 Vgl. Kirsch u.a. (2001): S.51.
201 Vgl. Kirsch u.a. (2001): S.58f. .
202 Vgl. Hardege / Schmitz (2008): S.35f. .
203 Vgl. Drumm (2005): S.321.
204 Vgl. Ehlers (2003): S.2338f. .

4.5 Folgewirkungen von Personalabbau

Mit den dargestellten rechtlichen Einschränkungen und Verpflichtungen, die sich im Rahmen einer betriebsbedingten Kündigung ergeben, gehen zusätzliche Folgewirkungen von Personalabbau einher, die aus unterschiedlichen Blickwinkeln heraus betrachtet werden können[205]. Im Rahmen der hier vorgenommenen Maßnahmenanalyse liegt das Hauptaugenmerk auf der unternehmensbezogenen, betriebswirtschaftlichen Sichtweise, wobei diese auch stets in Verbindung mit sozialen und psychologischen Folgen für das Individuum zu sehen sind. Dabei werden die verschiedenen Auswirkungen von Personalabbau überblicksartig dargestellt. Eine umfassende Analyse aller Folgeerscheinung ist im Rahmen dieser Studie nicht möglich. Neben den bereits dargestellten rechtlichen Verpflichtungen (Sozialplan, Abfindungszahlungen etc.) werden vor allem die im Folgenden genannten Aspekte als Grund dafür gesehen, dass die verfolgten Ziele eines Personalabbaus in der Praxis häufig nicht oder nur teilweise erreicht werden.[206] Die im Folgenden genannten Tatbestände treffen z.T. allgemein auf alle quantitativ wirkenden Personalfreisetzungsmaßnahmen zu. Bei der Kündigung als aktiv einseitige Maßnahmen sind diese jedoch besonders ausgeprägt, wohingegen bei den passiven Maßnahmen (natürliche Fluktuation, Einstellungsstop) von weniger schwerwiegenden Folgeerscheinungen ausgegangen werden kann.

4.5.1 Folgewirkungen für das Individuum

Bereits im Vorfeld geplanter Kündigungen treten unerwünschte Effekte im Unternehmen ein. Bei den Folgewirkungen für das Individuum im Unternehmen[207] ist zunächst die aus dem geplanten Personalabbau resultierende Arbeitsplatzunsicherheit bei der Belegschaft zu nennen. Zwar kommt es in der Anfangsphase drohender Entlassungen bei den Mitarbeitern häufig zu erheblichen Leistungssteigerungen („rechtfertigen“ des eigenen Arbeitsplatzes), diese ist aber meist nur von kurzer Dauer und nimmt bei zunehmend subjektiv wahrgenommener Unsicherheit über den Verlust des Arbeitsplatzes stetig ab. Selbst wenn die Gefahr des Arbeitsplatzverlustes objektiv nicht vorhanden ist[208] sind häufige Folgeerscheinungen dieser mit psychischen Belastungen verbundenen Unsicherheit Resignation, sin-

[205] Vgl. hierzu die Betrachtung aus volkswirtschaftlicher, soziologischer und psychologischer sowie betriebswirtschaftlicher Sicht bei Marr / Steiner (2003): S.34-38.
[206] Vgl. hierzu Weiss / Udris (2001): S.107f. ; Marr / Steiner (2003): S.190.
[207] Potentielle Wirkungen von Personalabbau im sozialen Umfeld der Betroffenen wie familiäre Belastungen o.ä. können hier nicht berücksichtigt werden.
[208] Vgl. zur objektiven und subjektiven Wahrnehmung von Arbeitsplatzunsicherheit Seisl (1998): S. 100-103 oder Weiss / Udris (2001): S.109.

kende Loyalität zum Unternehmen, Arbeitsunzufriedenheit sowie zunehmende reale und psychosomatische Erkrankungen. Ein verstärkter Absentismus ist die Folge, wodurch die Produktivität im Unternehmen negativ beeinträchtigt wird.[209]
Gravierend kann sich diese Arbeitsplatzunsicherheit bei Leistungsträgern, Fachkräften und Führungskräften auswirken, wenn diese die entstehende Unsicherheit mit ihren externen Arbeitsmarktchancen kompensieren und nicht mit Leistungsminderung, sondern mit Eigenkündigung reagieren (zunehmende Fluktuation). Folge ist häufig ein unfreiwilliger Verlust von den Mitarbeitern, die man gerne halten würde, während Minderqualifizierte im Unternehmen verbleiben, weil sie auf dem externen Arbeitsmarkt geringere Chancen haben (vor allem in rezessiven Phasen).[210] *Andrzejewski* quantifiziert dies und veranschlagt für jeden solcher ungewollten Abgänge von Leistungsträgern 60 000 € an Humankapitalverlust (Verlust an implizitem Wissen und fachlichen Ressourcen) im Unternehmen.[211]
Ein besonderes Problem besteht bei geplanten Abbaumaßnahmen in der Zunahme von Konflikten (Mobbing) durch einen Kampf um die verbleibenden Arbeitsplätze zwischen den Mitarbeitern. Neben erhöhter Fluktuation führt dies auch zu nachhaltigen Beeinträchtigungen von Arbeitsabläufen in betroffenen Bereichen.[212]

Neben den im Vorfeld eines Personalabbaus eintretenden Folgewirkungen treten vor allem negative Folgeerscheinungen bei den im Unternehmen verbleibenden Mitarbeitern (sog. „Survivors") nach einem Personalabbau auf. Die Diskussion um Reaktionen der Mitarbeiter steht in engem Zusammenhang mit dem Bruch des „psychologischen Vertrags", welcher die emotionalen, impliziten und unausgesprochenen Übereinkünfte zwischen AG und AN umfasst. Kommt das Unternehmen den Erwartungen und Verpflichtungen der AN nicht nach (vor allem Arbeitsplatzsicherheit oder soziale Verantwortung[213]), so kommt es häufig zu einem Bruch des emotionalen Arbeitsverhältnisses („innere Kündigung") und zu verschiedenen, auf das Unternehmen negativ wirkenden Folgeerscheinungen:[214]

---

[209] Vgl. Marr / Steiner (2003): S.54f. ; Brockner (1992): S.15f. und hier vor allem den Zusammenhang von Leistungsverhalten und Arbeitsplatzunsicherheit. Eine differenzierte situationsabhängige Darstellung findet sich bei Seisl (1998): S.108-114.
[210] Vgl. Krüger (2005b): S.36 ; Marr / Steiner (2003): S.55 ; Seisl (1998): S.103f. .
[211] Vgl. Andrzejewski (2003): S. 5.
[212] Vgl. Krüger (2005b): S.37
[213] Vgl. hierzu die dargestellten Interessenslagen der verschiedenen Anspruchsgruppen des Personalfreisetzungsprozesses in Abschnitt 2.4.
[214] Vgl. Andrzejewski (2002): S.180f. ; Weiss / Udris (2001): S.106f. .

After all, it is the reaction of the employees who remain—hereafter referred to as the survivors—that will dictate the organization's effectiveness.[215]

Dementsprechend wichtig ist ein Einbezug der Folgeerscheinungen auf die verbleibenden Mitarbeiter in die Maßnahmenanalyse der Personalfreisetzungsplanung, denn deren Reaktion hat einen maßgeblichen Einfluss auf den Erfolg eines Unternehmens für die Zeit nach dem Personalabbau.[216]

Diese Folgewirkungen auf die verbleibenden Mitarbeiter werden vorwiegend in der englischsprachigen Downsizing-Literatur unter dem Begriff „Survivor Syndrom" oder auch „Survivor Sickness"[217] diskutiert. Im deutschsprachigen Raum existieren bisher lediglich zwei Dissertationen zu diesem Forschungsfeld, deren Ergebnisse nicht als repräsentativ angesehen werden.[218] Die fehlende wissenschaftliche Auseinandersetzung mit diesem Phänomen im deutschsprachigen Raum kann auch als Indiz für die unzureichende Kenntnis deutscher Unternehmen für diese Problematik gesehen werden. In der angelsächsischen Literatur existieren hingegen mehrere Studien, die das „Survivor Syndrom" in verschiedenen Modeltypen beschreiben, um darauf aufbauend geeignete Ansatzpunkte für ein Management der negativen Effekte zu entwickeln.[219] Ohne auf die verschiedenen Ergebnisse der Studien näher einzugehen soll hier lediglich auf mögliche Reaktionen der Survivors als Folge von Entlassungen hingewiesen werden, wozu auf das von *Brockner*[220] entwickelte strukturelle Modell zur Analyse der Survivor-Reaktionen zurückgegriffen wird. In diesem werden die Entwicklungen von Verhaltensweisen, Emotionen und Einstellungen der verbleibenden Mitarbeiter nach einem Personalabbau dargestellt.

Demnach löst ein Personalabbau zunächst verschiedene emotionale Zustände wie Wut, Angst, Arbeitsplatzunsicherheit und Schuldgefühle gegenüber den entlassenen Kollegen aus (*survivors guilt*). Diese emotionalen Reaktionen können dann zu Modifikationen in der Einstellung zur Arbeit und folglich zu einem veränderten Arbeitsverhalten führen. Zu den sich negativ verändernden Einstellungen zählen Arbeitsunzufriedenheit, abnehmende Leistungs- und Risikobereitschaft sowie Vertrauensverlust gegenüber dem Management. Moti-

---

[215] Brockner (1992): S.10.
[216] Vgl. Andrzejewski (2002): S.177.
[217] Vgl. Seisl (1998): S.78 m.w.N. .
[218] Vgl. hierzu die Übersicht über die Problematik und die Ergebnisse der beiden Studien von Berner (1999) und Baeckmann (1998) bei : Marr / Steiner (2003): S.44 ; Weiss / Udris (2001): S.106f. .
[219] Vgl. hierzu die inhaltliche Zusammenfassung der verschiedenen Modeltypen bei Weiss / Udris (2001): S. 107-113 m.w.N. .
[220] Vgl. Brockner (1988)

vation und Arbeitsleistung sind Komponenten des Verhaltens, die durch den Personalabbau negativ beeinträchtigt werden. Dies äußert sich in sinkender Produktivität und der bereits angesprochenen erhöhten Fluktuation von Leistungsträgern im Unternehmen.[221]

Das Ausmaß der Reaktionen ist stark abhängig von verschiedenen Einflussfaktoren, die mit dem Personalabbau einhergehen. Demnach ist ein Zusammenhang von Entlassungen und den dargestellten Reaktionen unter anderem umso stärker, [222]

- *je geringer der Personalabbau aus der Sicht der Mitarbeiter gerechtfertigt ist (wahrgenommene Fairness)*: Dabei zählen Faktoren wie beispielsweise das Handeln vergleichbarer Unternehmen (z.B. reagieren auch Konkurrenzunternehmen mit Personalabbau?), die angebrachten Gründe für den Personalabbau durch das Management oder die Entscheidungskriterien für die Auswahl der zu entlassenden Mitarbeiter. Diese bestimmen die Wahrnehmung der Survivors, ob die Entlassungen als vermeidbar eingeschätzt werden. Aber auch ob alternative Maßnahmen zum Personalabbau bereits unternommen wurden trägt zur wahrgenommen Vermeidbarkeit bei. Ein Personalabbau ohne den vorherigen Versuch der Unternehmensleitung, die Krise mit Kurzarbeit zu überbrücken, führt nicht zuletzt aufgrund des öffentlich breit diskutierten Konjunkturpakete der Bundesregierung und den damit verbundenen Erleichterungen zum Bezug des KuG erwartungsgemäß zu einem als unfair wahrgenommenen Personalabbau und zu den angesprochenen negativen Reaktionen bei den verbleibenden Mitarbeitern.
- *je weniger die entlassenen Mitarbeiter („Victims") unterstützt werden:* Diesbezüglich sind Faktoren wie die Art und das Ausmaß der unterstützenden Maßnahmen durch das Unternehmen oder die Ausgewogenheit der Verteilung der Abfindungen zwischen den Hierarchiestufen (z.B. überproportional hohe Manager-Abfindungen) ausschlaggebend. Eine „kostengünstige" Entlassung ist somit nur unter dem Risiko negativer Survivor-Reaktionen möglich.
- *je später und intransparenter der Personalabbau im Unternehmen kommuniziert wird.* Diesbezüglich weisen *Marr / Steiner* auf die Notwendigkeit einer (in der Praxis nicht immer durchgeführten) offenen und frühzeitig angelegten Informations- und Kommunikationspolitik über die geplanten Maßnahmen hin. Denn dies trägt

---

[221] Vgl. hierzu ausführlich Brockner (1988): S. 215ff. sowie die zusammenfassende Modelldarstellung auf S. 221.

[222] Vgl. im Folgenden ausführlich Brockner (1992): S.10-15.

entscheidend dazu bei, Konflikte unter den Mitarbeitern, negative Imagewirkungen auf das Unternehmen und eine Verschlechterung des Betriebsklimas abzumildern.[223] Auch hier zeigt sich die Notwendigkeit frühzeitiger Verhandlungen mit dem Betriebsrat, denn dieser beeinflusst die Wahrnehmung der AN erheblich.

Die mit einem Personalabbau häufig verbundenen Störungen von Prozessen und Abläufen durch das Wegbrechen von Informations-, Beziehungs- und Wissensnetzwerken wirken sich darüber hinaus negativ auf ökonomische Zielgrößen wie Unternehmenswert oder Betriebsergebnis aus.[224] Auch *Eigler* verweist darauf, dass radikale Personalanpassungsmaßnahmen in der Praxis häufig zu dramatischen Anstiegen von Produktionsausfällen und Reklamationsquoten im Unternehmen geführt haben.[225]

Es handelt sich hierbei also um ein multikausales Problemfeld, das zu managen ein planerisches, längerfristiges Vorgehen geradezu notwendig macht. Es besteht ein grundsätzliches Problem darin, in kurzer Zeit durch Personalabbau Personalkosten zu reduzieren und gleichzeitig eine kompetente, motivierte Arbeitnehmerschaft zu erhalten. Es bedarf im Falle eines notwendigen Personalabbaus deshalb einer antizipativen Strategie, welche durch geeignete, flankierende Maßnahmen nicht nur die ausscheidenden Mitarbeiter (freiwillige Sozialpläne, Outplacement etc.), sondern vor allem die im Unternehmen verbleibenden unterstützt.[226] Die Gestaltung eines folgeminimalen Trennungsmanagements bildet deshalb in der Literatur ein zentrales Themenfeld.[227] Alleine diese umfangreiche wissenschaftliche Auseinandersetzung mit dem Umgang negativer Folgeerscheinungen von Personalabbau bestätigt nochmals, dass Entlassungen in der Praxis ein schwer zu managendes Problemfeld darstellen und mit erheblichen administrativen und finanziellem Aufwand verbunden sind.

---

[223] Vgl. Marr / Steiner (2003): S.57 und zur Gestaltung einer aktiven Informationspolitik Kammel (2005): S.15f. ; Brockner (1992): S. 20f. .
[224] Vgl. Marr / Steiner (2003): S.60.
[225] Vgl. Eigler (1997): S.177.
[226] Vgl. zu den Maßnahmen zum Management negativer Folgewirkungen vor, während und nach dem Personalabbau Brockner (1992): S.17-27.
[227] Vgl. hierzu vor allem Marr / Steiner (2003) ; Andrzejewski (2002) ; Seisl (1998) ; Gaugler (1994); Brockner (1992).

4.5.2 Folgewirkungen für das Unternehmen

Im Rahmen einer betriebsbedingten Kündigung ist eine Trennung von Mitarbeitern auf den ersten Blick natürlich beabsichtigt. Im betriebswirtschaftlichen Sinne stellt dies jedoch zugleich eine Desinvestitionsentscheidung von Humankapital dar. Denn jeder Mitarbeiter verkörpert für das Unternehmen einen Wert, der durch dessen Leistungsfähigkeit (aktuell) und dessen Leistungspotential (zukünftig) bestimmt wird. Ohne auf die Ermittlung des Humankapitalwertes näher einzugehen[228], so können allein die Kosten der Einstellung, der Einarbeitung, der Erfahrungsvermittlung oder der getätigten Weiterbildungsmaßnahmen zugrunde gelegt werden um der erwünschten Kosteneinsparung einen Unternehmenswertverlust gegenüberzustellen. „*Mit dem Abbau von Personal gehen deshalb über lange Jahre und gegebenenfalls kontinuierlich getätigte, von der Unternehmung finanzierte Investitionen in Humankapital meist unwiederbringlich verloren.*"[229] Zudem ist der zukunftsbezogene Beitrag des Mitarbeiters für die Zeit nach der wirtschaftlichen Krise zu sehen. Verknüpft man auf diese Weise mit jedem Mitarbeiter einen Investitionswert, so stellt dessen Abbau betriebswirtschaftlich die vollständige Abschreibung eines Produktionsfaktors dar, der unmittelbar zu einem Verlust von Wettbewerbsvorteilen führen kann. Darüber hinaus sind zukünftige Kosten zu beachten, wenn in der wirtschaftlichen Aufschwungphase neue Arbeitskräfte benötigt werden. Die Kosten für Einstellung, Einarbeitung etc. sowie zu leistende Überstundenzuschläge oder Produktionsausfälle, wenn Mitarbeiter, deren Wissen und Erfahrungsschatz bei verbesserter Auftragslage erforderlich ist, nicht problemlos wieder beschafft werden können, sind ebenfalls in eine Abbauentscheidung einzubeziehen. Für die Ersatz- oder Wiederbeschaffung sind erhebliche Personalbeschaffungs-, -einarbeitungs- und –entwicklungsanstrengungen erforderlich, die mit hohem zeitlichen und finanziellen Aufwand verbunden sind.[230] Dieser Aspekt der Rekrutierung in der Aufschwungphase ist auch vor dem Hintergrund des allgemeinen Fachkräftemangels auf dem externen Arbeitsmarkt zu sehen. Berücksichtigt man diese Aspekte, so wiegt der Verlust an Humankapitalwert möglicherweise viel schwerer als die angestrebten Personalkostenreduzierungen, vor allem bei dem hier vorliegenden konjunkturell bedingten, temporären Beschäftigungsmangel.

---

[228] Vgl. hierzu Marr / Steiner (2003): S.9 m.w.N. .
[229] Vgl. Eigler (1997): S.176.
[230] Vgl. Marr / Steiner (2003): S. 7-9 ; Eigler (1997): S.177f. .

Ein weiterer Nachteil eines überhasteten Personalabbaus ist die ungewisse Auswirkung auf die Reputation bzw. das Image des Unternehmens. Die Wahrnehmung von einschneidenden Personalabbaumaßnahmen durch Kunden und Arbeitssuchende kann zur Beeinträchtigung des Produktimage und des Image des Unternehmens als AG (Personalimage) führen. Insbesondere eine Verschlechterung des Personalimage erschwert bei späterem Personalbedarf die Rekrutierung von Mitarbeitern. Kurzfristig reputationsschädigende Maßnahmen wie Entlassungen in großem Umfang können erheblichen Schaden am Unternehmensimage verursachen und dadurch in kürzester Zeit langjährig aufgebautes Reputationskapital vernichten.[231] So führte beispielsweise die Schließung des Werkes Bochum und die damit verbundenen Entlassung von 2000 Mitarbeitern bei der Firma Nokia im Januar 2008 zu einem bis heute anhaltenden Einbruch des Produkt- und Arbeitgeberimage in Deutschland. Im Jahresvergleich hatte dies einen achtprozentigen Marktanteilsverlust für den deutschen Markt zur Folge.[232] Die Medien treten dabei als verstärkende Moderatoren auf und wirken auf die allgemeine Öffentlichkeit als externe Anspruchsgruppe (in diesem Fall als Kunde oder potentieller Mitarbeiter) im Personalfreisetzungsprozess ein. *Kammel* merkt an, dass nicht zuletzt aufgrund dieser Imagewirkungen Unternehmen zunächst auf „weiche“ Personalabbauinstrumente zurückgreifen.[233]

[231] Vgl. Eigler (1997): S.178.
[232] Vgl. hierzu die Entwicklung des werktäglich ermittelten “BrandIndex” der Marke Nokia sowie die Auswirkungen des Personalabbaus bei Sparr / Schubert / Hedde (2009): S.51-53.
[233] Vgl. Kammel (2003): Sp.1348.

4.6 Die Kosten der Kündigung

Die finanziellen Belastungen, die sich für das Unternehmen im Rahmen einer Massenentlassung durch die Pflicht zur Aufstellung eines Sozialplans ergeben, wurden bereits angesprochen. Zudem wurde im vorangegangenen Abschnitt auf die verschiedenen negativen Folgeerscheinungen von Personalabbau hingewiesen. Insgesamt ergibt sich bei betriebsbedingten Kündigungen damit ein „Kosteneisberg", bei welchem neben den direkt wahrgenommenen Kosten wie Sozialplanleistungen, Abfindungen oder Kosten vor dem Arbeitsgericht eine Vielzahl an verdeckten Kosten zu beachten sind. Diese sind in ihrem Ausmaß ungewiss, kaum quantifizierbar[234] und vorab schwer planbar. Eine Zusammenfassung zu beachtender Kostenfaktoren einer Kündigung ist in Abbildung 7 dargestellt. Neben Zahlungsverpflichtungen bei Massenentlassungen ergeben sich jedoch auch im Rahmen von Einzelkündigungen meist erhebliche Abfindungszahlungen, die dem eigentlichen Ziel einer kurzfristig realisierbaren Personalkostenreduzierung entgegenstehen. Wie bereits beschrieben wurde, hängt dies jedoch vor allem von einer Kündigungsschutzklage des AN ab. Dazu liefert eine von der Hans-Böckler-Stiftung[235] veröffentlichte repräsentative Studie zu den Kosten des Kündigungsschutzes in Deutschland aus dem Jahr 2008 interessante Ergebnisse. Im Durchschnitt lässt sich eine Klagequote auf Arbeitgeber-Kündigungen von 31,2 % ermitteln, d.h. fast jede dritte Kündigung führt zu einer Klage vor dem Arbeitsgericht. Mit steigender Betriebsgröße steigt auch die Klagequote an.[236] Generell kann davon ausgegangen werden, dass die Klageneigung der AN von der Arbeitsmarktentwicklung abhängt. Je schlechter die Aussicht auf eine neue Beschäftigung im Anschluss an eine Kündigung beur-

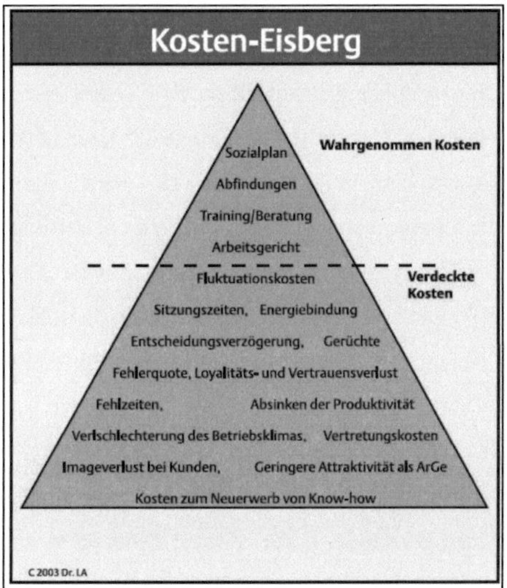

Abbildung 7: Kosteneisberg bei Personalabbau
Quelle: Andrzejewski (2003): S.4.

---

[234] Vgl. zu einem Versuch der Quantifizierung der indirekten und verdeckten Kosten einer Kündigung: Andrzejewski (2002): S. 80-89.

[235] Zur Methodik und Systematik der repräsentativen Unternehmensbefragung vgl. Hardege / Schmitz (2008): S.27-29.

[236] Vgl. hierzu ausführlich Herdege / Schmitz (2008): S.31 f. .

teilt wird, desto größer ist die Wahrscheinlichkeit einer Kündigungsschutzklage des AN.[237] Vor allem bei der mit der konjunkturellen Entwicklung zusammenhängenden allgemein schlechten Lage auf dem Arbeitsmarkt ist deshalb aktuell mit einer erhöhten Klagequote zu rechnen.

Die Ergebnisse der empirischen Studie ergaben, dass bei den befragten Unternehmen etwa 72 % der Kündigungsschutzklagen mit einem Vergleich und lediglich 23 % mit einem Urteil (5% waren noch nicht bearbeitet) endeten. Die Tatsache, dass nur wenige Klagen überhaupt mit einem Urteil endeten und nur 3% der Urteile die Kündigung für unwirksam erklärten ist ein Indiz dafür, dass AG vorzeitig Abfindungszahlungen im Rahmen eines gerichtlichen oder außergerichtlichen Vergleichs anbieten, sobald ein Urteil mit ungewissem Ausgang im Raum steht.[238] Dies hängt mit der bereits dargestellten, von *Brox / Rüthers / Henssler* als „kaum noch steigerbar" beurteilten Rechtsunsicherheit aller Beteiligten beim Kündigungsschutzverfahren zusammen.[239] Die Abfindungshöhe ist abhängig von Beendigungsart (Vergleich, Auflösungsurteil, Sozialplan etc.) und Unternehmensgröße. Dazu sei weiterführend auf die Übersichten der Studie in *Anhang C* verwiesen. Einen Eindruck über die ungefähre Größenordnung ergibt der ermittelte gewichtete Durchschnitt in Höhe von 12 000 Euro Abfindungshöhe pro Kündigungsfall. Zudem nannten die befragten Unternehmen Prozesskosten, bestehend aus Kosten der Rechts- oder Personalabteilung, Anwaltskosten, Gerichtsgebühren etc. von durchschnittlich 3250 Euro pro Kündigungsfall.[240] Bereits im Vorfeld jeder Kündigung fallen durchschnittlich 1400 Euro an Kosten pro Fall für den administrativen Aufwand an (Rechtsberatung, Anhörung Betriebsrat etc.).[241]

Bestätigt wird dieser rechtliche Einfluss auf die Kostenwirkung von Entlassungen durch die Ergebnisse einer Studie der Weltbank. In der jährlich durchgeführten Erhebung „Doing Business" wird dabei ein Indikator ermittelt, der die sog. „firing costs" misst. Darin sind alle Kosten enthalten, die aufgrund der gesetzlichen Regulierung bei der Entlassung von AN entstehen.[242] Demnach steht Deutschland mit 69 Wochengehältern pro Entlassungsfall

[237] Vgl. Hardege / Schmitz (2008): S.21.
[238] Vgl. Hardege / Schmitz (2008): S.32.
[239] Vgl. Brox / Rüthers / Henssler (2007): Rn.465.
[240] Wobei bei kleineren Unternehmen ohne eigene Rechtsabteilung höhere Werte zugrunde gelegt werden müssen; Vgl. Hardege / Schmitz (2009).
[241] Vgl. Hardege / Schmitz (2008): S.30.
[242] In diesen Indikator fließen Abfindungszahlungen, Kündigungsfristen und Strafzahlungen bei betriebsbedingten Kündigungen ein.

auf Rang 3 der höchsten Entlassungskosten im OECD-Vergleich (hinter Portugal und der Türkei mit jeweils 95 Wochengehältern).[243]

Insgesamt lässt sich festhalten, dass eine verfolgte Personalkosten- und Personalkapazitätsreduzierung kurzfristig durch betriebsbedingte Kündigungen nicht zu realisieren ist. Vielmehr ist bedingt durch die hier angesprochenen verschiedenartigen direkten-, indirekten- und versteckten Kostenfaktoren sowie durch die einzuhaltenden Kündigungsfristen eine Kostenentlastung lediglich auf mittel- bis langfristige Sicht zu erwarten (wobei dabei nachhaltig negative Wirkungen auf das Unternehmen noch unberücksichtigt sind). Die betriebsbedingte Kündigung ist damit in ihrem Zielerreichungsgrad zu den bereits definierten Zielsetzungen stark eingeschränkt und führt höchstens mittel- bis langfristig zu einer gewünschten Personalkostenreduktion. Auf Grundlage dieser Erkenntnisse kann nun der schwerpunktmäßigen Fragestellung nachgegangen werden, ob Kurzarbeit als geeignete Alternative zur betriebsbedingten Kündigungen gesehen werden kann. Denn rechtlich gesehen ist diese nicht als Alternative, sondern sogar als Wirksamkeitsvoraussetzung betriebsbedingter Kündigung zu sehen. Aber inwieweit kann ohne eine Verringerung des Personalbestandes allein durch eine zeitliche Anpassung die verfolgte Personalkostenentlastung erzielt werden? Dieser Fragestellung wird im folgenden Kapitel nachgegangen.

---

[243] Vgl. The International Bank of Reconstruction and Development / The World Bank (2008): S.86-146: eigenständiger Vergleich der "firing costs" aller OECD-Staaten..

5. KONJUNKTURBEDINGTE KURZARBEIT – EINE ALTERNATIVE ZUR BETRIEBSBEDINGTEN KÜNDIGUNG?

5.1 Wesen der Kurzarbeit

Unter Kurzarbeit ist die vorübergehende Herabsetzung der regelmäßigen betrieblichen Arbeitszeit im Unternehmen bei entsprechender Minderung der Entgeltansprüche der AN zu verstehen.[244] Kurzarbeit kann in Form einer täglichen Verkürzung der Arbeitszeit oder auch in einem Wegfall ganzer Arbeitstage oder Arbeitswochen durchgeführt werden.[245] Sie kann für den gesamten Betrieb oder auch nur für organisatorisch abgegrenzte Betriebsteile angeordnet werden[246] und stellt somit ein flexibel einsetzbares arbeitsrechtliches Instrument der Personalfreisetzung dar. Die Einführung der Kurzarbeit im Unternehmen dient der Erhaltung der betrieblichen Arbeitsplätze in wirtschaftlich schwierigen Phasen und dem sich aus der Verringerung der Arbeitszeit regelmäßig ergebenden entsprechenden Ruhen der Entgeltzahlungspflicht des Unternehmers.

Denn ist die Kurzarbeit im Unternehmen rechtswirksam eingeführt worden, führt dies zumindest teilweise zu einer Suspendierung der Hauptleistungspflichten aus dem Arbeitsverhältnis: Der AN wird entsprechend der Arbeitszeitverkürzung von seiner Verpflichtung zur Arbeitsleistung befreit. In gleichem Umfang beschränkt sich die Hauptleistungspflicht des AG zur Entgeltzahlung (die arbeitsvertraglichen Nebenpflichten bleiben unverändert bestehen[247]). Der AG erreicht dadurch eine Personalkosten- und Personalkapazitätsreduzierung, ohne eine quantitative Reduzierung des Personalbestandes vornehmen zu müssen. Da Kurzarbeit in die eben erwähnten Hauptleistungspflichten aus dem Arbeitsverhältnis eingreift und damit einen wesentlichen Bestandteil verändert, kann diese nicht einseitig vom AG durchgesetzt werden, sondern es bedarf dazu einer Rechtsgrundlage, die sich aus einzelvertraglichen oder kollektiven Vereinbarungen (Tarifvertrag oder Betriebsvereinbarung) ergibt.[248] Die Entgeltreduzierung für den AN wird partiell kompensiert durch den Anspruch des AN auf KuG. Dabei handelt es sich um Entgeltersatzleistungen, die bei Vorliegen der

---

[244] Vgl. Brox / Rüthers / Henssler (2007): Rn.213.

[245] Vgl. die Beispiele bei Kittner / Schoof (2008): §44 Rn.4 : Demnach kann beispielsweise die wöchentliche Arbeitszeit von 40 auf 20 Stunden verteilt, auf fünf Arbeitstage verkürzt oder auch die gesamte Arbeitszeit auf zwei anstatt wie bisher auf 5 Wochenarbeitstage verteilt werden.

[246] Vgl. Küttner / Kreitner (2008): Kurzarbeit, Rn.1.

[247] Vgl. Jüngst (2009): S.167 ; Küttner / Kreitner (2008): Kurzarbeit Rn. 13.

[248] Von der gesetzlichen Grundlage in §19 KSchG zur Kurzarbeit bei Massenentlassungen wird hier abgesehen, da Kurzarbeit als alternative und nicht als flankierende Maßnahme zu Entlassungen diskutiert wird.

sozialversicherungsrechtlichen Voraussetzungen der §§ 169 ff. SGB III von der Agentur für Arbeit gezahlt werden, um die sozialen Folgen des Entgeltausfalls für die AN abzumildern. Darüber hinaus sehen diese Regelungen auch zusätzliche finanzielle Entlastungsmöglichkeiten für den AG vor (z.B. Übernahme von Sozialversicherungsbeiträgen). Eine arbeitsrechtliche Analyse des Instruments ist erforderlich, um die praktische Umsetzbarkeit im Unternehmen zu prüfen und das zeitliche Anpassungspotential der Maßnahme zu beurteilen.

5.2 Arbeitsrechtliche Einführung der Kurzarbeit im Unternehmen

Der AG ist während der Dauer des Arbeitsverhältnisses grundsätzlich dazu verpflichtet, die AN im vertraglich vereinbarten Umfang zu beschäftigen und die vereinbarte Vergütung zu bezahlen. Da die Einführung von Kurzarbeit unmittelbar in das vertragliche Gefüge des Arbeitsverhältnisses eingreift und bereits angesprochene Arbeits- und Vergütungspflichten beschränkt[249], kann der AG dies nicht einseitig mit Hilfe seines Direktionsrechts nach § 106 GewO durchsetzten.[250] Es bedarf dazu einer Rechtsgrundlage, die sich aus Tarifvertrag, Betriebsvereinbarung oder einzelvertraglicher Vereinbarung ergeben kann. Ordnet der AG Kurzarbeit im Unternehmen an, ohne sich auf eine entsprechende Rechtsgrundlage beziehen zu können, werden die Hauptleistungspflichten aus dem Arbeitsverhältnis nicht rechtmäßig beschränkt und der AG ist trotz Arbeitszeitverkürzung weiterhin zur vollen Entgeltzahlung verpflichtet. Die AN haben dann einen Anspruch auf Annahmeverzugslohn gem. § 615 BGB[251], so dass eine Personalkapazitätsreduzierung ohne gleichzeitige Personalkostenreduzierung stattfinden würde, was für das Unternehmen kontraproduktiv wäre.

Deshalb sind tarifliche Ermächtigungsnormen (sog. Kurzarbeitsklauseln) häufig bereits in Tarifverträgen vereinbart. Diese regeln die Tatbestände, unter welchen der AG Kurzarbeit im Betrieb einführen kann.[252] Eine Regelung, die den AG ohne jede Voraussetzung zur einseitigen Anordnung von Kurzarbeit berechtigt, ist unwirksam (selbiges gilt für entsprechende individualrechtliche Klauseln in Arbeitsverträgen[253]).[254] Die Gestaltung und der

---

[249] Vgl. ErfKomm / Preis (2008): BGB 230 §611 Rn.657, 661.
[250] Vgl. Cohnen / Röger (2009): S. 47 ; Schmidt (2009): S.9.
[251] Vgl. Brox / Rüthers / Henssler (2007): Rn.213.
[252] Vgl. Lindemann / Simon (2008): S.2797 ; Küttner / Kreitner (2008): Kurzarbeit Rn.3 ; Brox / Rüthers / Henssler (2007): Rn.214 m.w.N. ; vgl. bei letzteren auch die strittige Frage um die rechtliche Qualifizierung solcher Tarifnormen und warum dies für die Praxis nicht relevant ist.
[253] Vgl. hierzu Bauer / Günther (2009): S.664.
[254] Vgl. Labrow / Stoffregen (2009): S.85 ; Cohnen / Röger (2009): S.47.

Inhalt solcher tarifvertraglichen Regelungen sind vielseitig, können aber zum Teil die Eignung des Instrumentes beeinträchtigen. Denn teilweise verpflichten Tarifverträge den AG zur Aufstockung des KuG (je nach Unterhaltspflicht des AN bei 60% oder 67% der Nettoentgeltdifferenz) auf bis zu 80% oder 90%, was eine verminderte Personalkostenreduzierung beim Einsatz des Instrumentes bewirkt. Zudem enthalten tarifvertragliche Regelungen häufig sog. Ankündigungsfristen, damit sich die betroffenen AN auf die veränderte Einkommenssituation einstellen können.[255] Diese beträgt aber meist nur wenige Tage, so dass die Umsetzung der Maßnahme zeitlich kaum verzögert wird.

Fehlt eine tarifvertragliche Regelung oder sieht diese (wie im Regelfall) eine gemeinsame Einführung des AG mit dem Betriebsrat vor[256], so kann eine Betriebsvereinbarung die Rechtsgrundlage zur Einführung von Kurzarbeit sein. Diese wirkt dann gem. § 77 Abs.4 BetrVG unmittelbar und zwingend auf alle Arbeitsverhältnisse.[257] Damit kann sozusagen unabhängig von der Einwilligung einzelner AN Kurzarbeit im Unternehmen angeordnet werden. Ein vorhandener Betriebsrat gestaltet sich hierbei als förderlich für die Einführung der Kurzarbeit, da das Instrument mit einer Betriebsvereinbarung zeitnah umgesetzt werden kann.

Problematisch kann sich die arbeitsrechtliche Einführung von Kurzarbeit im Unternehmen nämlich dann gestalten, wenn weder eine tarifvertragliche Regelung noch ein Betriebsrat besteht. Die Anordnung von Kurzarbeit ist dann über eine individualvertragliche Absprache zwischen AG und AN zu regeln, wenn nicht bereits entsprechende Klauseln bei Arbeitsvertragsschluss festgelegt wurden[258].

Die Arbeitsvertragsparteien müssen Kurzarbeit nicht zwingend ausdrücklich vereinbaren. Dies kann auch konkludent geschehen, indem die AN entsprechend der Weisung des AG tatsächlich widerspruchslos Kurzarbeit leisten.[259] Vertraut der AG auf so eine konkludente Einwilligung der AN, geht er damit aber das Risiko ein, dass er zur Zahlung von Annah-

---

[255] Vgl. Küttner / Kreitner (2008): Kurzarbeit Rn. 13 sowie zu verschiedenen Möglichkeiten der Regelungsinhalte bei Cohnen / Röger (2009): S.46 ; Bauer / Günther (2009): S.663.

[256] Ulber (2007): S.8.

[257] Vgl. Küttner / Kreitner (2008): Kurzarbeit Rn.4.

[258] Diese Kurzarbeitsklauseln müssen den Transparenz und Angemessenheitserfordernissen des § 307 Abs.1 BGB und der Ausübungskontrolle des § 315 BGB standhalten, um die Anordnung von Kurzarbeit wirksam einzuführen. Die Angemessenheit ist dann gegeben, wenn die Einführung der Kurzarbeit an die Voraussetzung zur Zahlung des KuG knüpft ; vgl. hierzu ausführlich mit Formulierungsvorschlag Bauer / Günther (2009): S.664f. .

[259] Vgl. Küttner / Kreitner (2008): Kurzarbeit Rn.5.

meverzugslohn verpflichtet wird.[260] Praktisch gesehen kann jedoch angesichts der aktuellen gesamtwirtschaftlichen Lage davon ausgegangen werden, dass es auch im Interesse der AN ist, Kurzarbeit zu leisten um den Arbeitsplatzverlust zu verhindern.
Scheiden einvernehmliche Änderungen aus (wenn bspw. AN nicht zustimmen), bleibt dem AG nur noch die Möglichkeit, Kurzarbeit mittels Änderungskündigungen i.S.d. § 2 KSchG durchzusetzen.[261] Aufgrund der gesetzlichen Anforderungen an die Wirksamkeit sowie die zeitliche Verzögerung durch einzuhaltende Kündigungsfristen kann sich dieses Mittel als problematisch erweisen (zudem besteht die Gefahr der Nicht-Annahme durch AN und somit zum ungewollten Verlust von Arbeitskräften).[262] Wegen der erheblichen Schwierigkeiten, individualrechtlich Kurzarbeit über Einzelverträge oder Änderungskündigungen einzuführen ist nach *Gagel / Bieback* allein die kollektive Einführung von Kurzarbeit für den AG praktikabel.[263] Wie *Bauer / Günther* in ihrem Beitrag jedoch bezogen auf die aktuelle Wirtschaftskrise ausführlich darlegen, kann auch eine Änderungskündigung oder sogar eine außerordentliche Änderungskündigung durchaus geeignet sein, um Kurzarbeit im Unternehmen rechtswirksam einzuführen.[264]

Besteht ein Betriebsrat, so hat dieser unabhängig von der Art der Rechtsgrundlage bei der Durchführung der Kurzarbeit nach § 87 Abs.1 Nr.3 BetrVG mitzubestimmen.[265] Theoretische Ausnahme: Im Tarifvertrag sind bereits alle mitbestimmungspflichtigen Fragen abschließend geklärt, so dass aufgrund des Tarifvorbehaltes nach § 87 Abs.1 i.V.m. § 77 Abs.3 BetrVG der Betriebsrat nicht mehr zu beteiligen ist. Meist legen Tarifverträge jedoch Tatbestände fest, bei deren Vorliegen der AG zusammen mit dem Betriebsrat Kurzarbeit einführen kann.[266]
Inhalt dieses Mitbestimmungsrechtes des Betriebsrates ist in Abhängigkeit des Gestaltungsrahmens der jeweiligen Rechtsgrundlage das „ob" und das „wie" (also Umfang, Lage, Verteilung und Auswahl von Kurzarbeit betroffenen AN) der betrieblichen Arbeitszeitverkürzung.[267] Auf diesem Wege kann der AG entsprechend des Ausmaßes des Beschäftigungs-

---

[260] Vgl. Bauer / Günther (2009): S.664.
[261] Vgl. Cohnen / Röger (2009): S.47.
[262] Vgl. Labrow / Stoffregen (2009): S.86.
[263] Vgl. Gagel / Bieback (2008): §169 Rn.132.
[264] Vgl. ausführlich Bauer / Günther (2009): S.665-667.
[265] Vgl. Bauer / Günther (2009): S.662 ; Schmidt (2009): S.9 ; Lindemann / Simon (2008): S.2796f. ; Richardi (2008): §87 Rn.355 ; ErfKomm/ Preis (2008): §611 BGB Rn.659.
[266] Vgl. Bauer / Günther (2009): S.663 ; Cohnen / Röger (2009): S.48 ; Gagel / Bieback (2009): §169 Rn.156.
[267] Vgl. Richardi (2008): §87 Rn.356 ; Haag / Discher (2002): S.496.

mangels mit dem Betriebsrat den Umfang, die voraussichtliche Dauer, die betroffenen Bereiche und die zeitliche Verteilung der Arbeitszeitverkürzung im Rahmen einer Betriebsvereinbarung frei gestalten. Dabei kann die Arbeitszeit flexibel an die verringerte Arbeitsmenge (entsprechend der Vorgaben aus der Produktions- und Absatzplanung) angepasst werden. Jedoch wird diesbezüglich auch der Betriebsrat Forderungen an die inhaltliche Ausgestaltung der Betriebsvereinbarung stellen: So kann dieser z.B. fordern, dass betriebsbedingte Kündigungen während der Kurzarbeit nur unter Zustimmung des Betriebsrats bzw. Anrufung der Einigungsstelle erfolgen dürfen (entspr. § 102 Abs.6 BetrVG) oder das Leiharbeitnehmerverträge nicht verlängert oder schnellstmöglich abgebaut werden.[268] Zudem kann und wird er seine Zustimmung zur Einführung von Kurzarbeit (§ 87 Abs.1 Nr.3) von der Gewährung des KuG durch die Agentur für Arbeit bzw. von entsprechenden Lohnausgleichszahlungen durch den AG abhängig machen.[269] Ein abhängig machen dessen Zustimmung von einem Lohnausgleich des AG über die Höhe des Kurzarbeitergeldes hinaus ist jedoch unzulässig.[270]

Dadurch wird die Gestaltungsfreiheit des Unternehmens wiederum durch Arbeitnehmerinteressen eingeschränkt. Wie bereits erwähnt, räumt der § 87 Abs.1 Nr.3 BetrVG dem Betriebsrat auch ein Initiativrecht zur Einführung der Kurzarbeit ein.[271]

5.3 Zusammenhang von Kurzarbeit und Kurzarbeitergeld

Die arbeitsrechtliche Einführung der Kurzarbeit ist nicht grundsätzlich an die sozialversicherungsrechtlichen Voraussetzungen zum Bezug des KuG gebunden und somit zunächst einmal getrennt voneinander zu betrachten. Denn Kurzarbeit liegt auch dann vor, wenn die betriebsübliche Arbeitszeit vorübergehend ohne Lohnausgleich (also ohne KuG) für die AN verkürzt wird, wenn z.B. nur ein geringer Teil der Belegschaft betroffen ist. Es handelt sich dann um eine personalwirtschaftliche Einzelmaßnahme im Rahmen einer einvernehmlichen Änderung zwischen AG und AN oder einer Änderungskündigung. Durch das Ausmaß der Wirtschaftskrise sind hier jedoch kollektive Maßnahmen größerer Reichweite relevant, wo-

[268] Vgl. hierzu die „Checkliste für Betriebsräte" bei Labrow / Stoffregen (2009): S.88f. .
[269] Vgl. Richardi (2008): BetrVG §87 Rn.372 m.w.N. .
[270] Vgl. LAG Köln 2.Kammer, Beschluss vom 14.06.1989, 2 TaBV 17/89, LAGE §87 BetrVG 1972 Kurzarbeit Nr.1, zu Leitsatz 1 und 2.
[271] Vgl. hierzu ausführlich Richardi (2008): §87 Rn.365f.

bei Kurzarbeit und KuG eng verknüpft sind und praktisch nicht getrennt voneinander betrachtet werden können.[272]

Denn regelmäßig wird dem AG aufgrund der erforderlichen arbeitsrechtlichen Rechtsgrundlage (Tarifvertrag, Betriebsvereinbarung oder Arbeitsvertrag) oder aufgrund der Mitbestimmungspflicht des Betriebsrats (§ 87 Abs.1 Nr.3 BetrVG) die Einführung der Kurzarbeit nur unter der Bedingung ermöglicht, dass die Voraussetzungen zur Zahlung des KuG vorliegen oder ein Lohnausgleich in entsprechender Höhe durch den AG geleistet wird.[273]

Denn der Schutzzweck dieser umfangreichen Mitbestimmungsrechte der Arbeitnehmervertreter bei der Ein- und Durchführung der Kurzarbeit sieht vor allem vor, die AN vor Entgeltverlusten zu bewahren und diesen einen dementsprechenden Lohnausgleich zu sichern.[274]

Zur Veranschaulichung dessen soll ein Urteil des BAG dienen: Eine Betriebsvereinbarung als Rechtsgrundlage zur Einführung der Kurzarbeit enthielt bei dem dortigen Streitfall eine Regelung, dass für einen entsprechenden Zeitraum nicht gearbeitet wird und die AN dafür Anspruch auf KuG haben. Die Agentur für Arbeit hatte die Zahlung von KuG rückwirkend widerrufen. Dies änderte nichts an der arbeitsrechtlichen Rechtmäßigkeit der Kurzarbeit im Betrieb. Der AG hatte jedoch den Lohnausgleich in Höhe des Kurzarbeitergeldes für die verringerte Arbeitszeit selbst zu tragen („Wiederaufleben des von der Agentur für Arbeit übernommenen Wirtschaftsrisikos“).[275] Somit führte die Kurzarbeit zu keiner spürbaren Personalkostenreduzierung, die Anordnung von Kurzarbeit war damit wirtschaftlich nicht sinnvoll.

Neben dem wirtschaftlichen Aspekt ist die arbeitsrechtliche Wirksamkeit auch zwingende sozialrechtliche Voraussetzung dafür, dass die Agentur für Arbeit KuG gewährt. Denn nach § 169 S.1 Nr.1 SGB III muss ein erheblicher Arbeitsausfall mit Entgeltausfall vorliegen. Wenn der Arbeitgeber rechtsunwirksam Kurzarbeit anordnet, wird dadurch die Entgeltzahlungspflicht des AG nicht suspendiert. Es liegt demnach kein Entgeltausfall vor und der AG hat trotz verkürzter Arbeitszeit das volle Entgelt zu zahlen § 615 BGB.[276]

---

[272] Vgl. Dincher / Roth (2003): Sp. 1044f. .

[273] Vgl. zu einer solchen Bedingung im Tarifvertrag Ulber (2007): S.8 ; zur Bedingung seitens des Betriebsrats, dessen Zustimmung vom Bezug des KuG abhängig zu machen: Richardi (2008): BetrVG §87 Rn.372.

[274] Vgl. Gagel / Bieback (2009): § 169 SGB III Rn.154.

[275] BAG 5.Senat, Urteil vom 11.07.1990, 5 AZR 557/89, AP Nr. 32 zu §615 BGB Betriebsrisiko, zu Entscheidungsgründe 18-24 ; vgl. auch ErfKomm / Preis (2008): §611 BGB Rn.662 ; Küttner / Kreitner (2008): Kurzarbeit Rn.14.

[276] Vgl. Cohnen / Röger (2009): S.49 ; Gagel / Bieback (2008): § 169 Rn.193.

Nicht zuletzt aufgrund der im Rahmen des Konjunkturpaketes kürzlich veranlassten sozialversicherungsrechtlichen Regelungsänderungen durch die Bundesregierung zu Voraussetzungen und Rechtsfolgen des KuG ist die Kurzarbeit für den AG vor allem bei gleichzeitigem Bezug des KuG wirtschaftlich sinnvoll. Denn diese sehen auch erhebliche finanzielle Unterstützungen für den AG vor.

Daraus folgt, dass die Voraussetzungen, die erfüllt werden müssen, um KuG nach den §§ 169 ff. SGB III zu erhalten, regelmäßig aus der von betriebswirtschaftlichen Gesichtspunkten getragenen Sicht des Unternehmers die eigentlich maßgeblichen Kriterien für die Einführung von Kurzarbeit darstellen.[277] Durch die Gewährung von KuG übernimmt das Arbeitsamt das Entgelt für die ausfallenden Arbeitsstunden. Kann das Unternehmen die Kriterien für die Gewährung von KuG nicht erfüllen, so verweigert das Arbeitsamt die Zahlung und sämtliche Kosten verbleiben u.U. beim Unternehmen. Für den AG ist eine solche Konstellation wirtschaftlich nicht sinnvoll, weshalb er Kurzarbeit nur einführen wird, wenn die Voraussetzungen für den Bezug des KuG erfüllt werden. Aus Unternehmenssicht steht und fällt die Einführung von Kurzarbeit somit mit dem Vorliegen der sozialversicherungsrechtlichen Voraussetzungen zum Bezug des KuG. Diese sind somit vorrangig in einer Maßnahmenanalyse zur Eignung des Instruments zu analysieren. Im Folgenden sollen diese unter Berücksichtigung der vorgenommenen Regelungsänderungen der Bundesregierung erörtert werden, um den Einfluss auf die Personalfreisetzungsplanung und auf die betriebswirtschaftliche Eignung zu untersuchen.

5.4 Sozialversicherungsrechtliche Voraussetzungen für die Gewährung des KuG und das Maßnahmenpaket der Bundesregierung

Zu unterscheiden ist zwischen drei Arten des KuG, welche jeweils verschiedene arbeitsmarktpolitische Funktionen erfüllen. So bestehen neben dem „normalen" konjunkturell oder strukturell bedingten KuG das Saison- sowie das Transfer-KuG. Aufgrund der in dieser Untersuchung zugrunde liegenden Wirtschaftskrise als Auslöser des Personalfreisetzungsbedarfes wird hier das KuG zur Überwindung konjunkturell bedingter Arbeitsausfälle analysiert.[278]

Im Rahmen eines Forschungsprojektes des IAB zum arbeitsmarktpolitischen Instrument der Kurzarbeit im Jahre 2004 machte *Deeke* vor allem die Entwicklung neuer Konzepte zur

[277] Vgl. Haag / Discher (2002): S.496.
[278] Vgl. zum Überblick über die anderen Formen Gagel / Bieback (2008): § 169 Rn.3.

Schaffung interner Flexibilität (wie z.B. „Bündnisse für Arbeit“) sowie neue gesetzliche Regelungen im Rahmen des SGB III ab 1998[279] (z.B. Abbau von Zeit- und Urlaubskonten vor Inanspruchnahme der Kurzarbeit) verantwortlich für den bis dahin rückläufigen Trend der Inanspruchnahme des KuG durch Unternehmen.[280] Während sich aktuell jedoch die Konjunktur in einer tiefen Rezession befindet, erlebt die Kurzarbeit als arbeitsmarktpolitisches Instrument einen Boom, was Abbildung 8 aus dem Monatsbericht Mai der Bundesagentur für Arbeit (BA) eindrucksvoll darstellt.

Die Zahlen zur tatsächlichen Inanspruchnahme von KuG liegen dort immer erst zwei Monate nach Quartalsende vor. Nach diesen Angaben erhielten im März 1.112.000 AN KuG aus wirtschaftlichen Gründen nach § 170 SGB III. Die Inanspruchnahme für konjunkturelle Kurzarbeit hat sich allein von Dezember auf März um 911.000 erhöht. Im Vergleich zum Vorjahr ist die Kurzarbeiterzahl bei konjunktureller Kurzarbeit um 1.083.000 Kurzarbeiter gestiegen.[281]

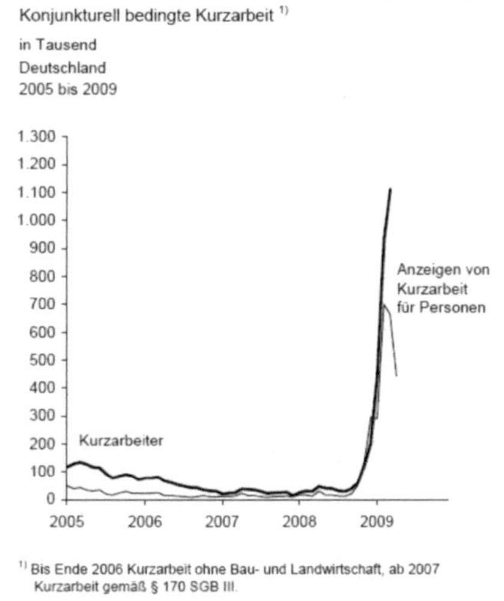

Abbildung 8: Anzahl Kurzarbeiter
Quelle: Bundesagentur für Arbeit (2009a): S.9.

Dies ist vor allem auf die rechtlichen Verbesserungen zum Bezug des KuG zurückzuführen und unterstreicht den Einfluss des Staates als externe Interessensgruppe bzw. den rechtlichen Einfluss auf den Personalfreisetzungsprozess. Denn die Bundesregierung hat mit dem am 6.11.2008 beschlossenen Maßnahmenpaket unter dem Titel „Beschäftigungssicherung durch Wachstumsstärkung“[282] eine Reihe von Regelungsänderungen eingeleitet[283], welche die Eignung des Instrumentes aus betriebswirtschaftlicher und rechtlicher Sicht für Unternehmen verbessern.

---

[279] Vgl. Übersicht bei Gagel / Bieback (2008): § 169 Rn.34ff.
[280] Vgl. Deeke, A. (2004): S. 266 ; Vgl. auch die Gründe für die relativ geringe Bedeutung der Kurzarbeit vor den Regelungsänderungen bei Dincher / Roth (2003): Sp. 1052.
[281] Vgl. Bundesagentur für Arbeit (2009a): S. 9f. .
[282] Vgl. Pressemitteilung „Kurzarbeitergeld kann länger gezahlt werden“ des Bundesministeriums für Arbeit und Soziales vom 12.11.2008.
[283] Kürzlich wurden weitere Regelungsänderungen beschlossen ; vgl. Pressemitteilung „Kurzarbeit verlängert“ des Bundesministeriums für Arbeit und Soziales vom 20.05.2009.

Die dort beschlossenen Maßnahmen gelten befristet bis zum 31.12.2010 für alle AN, deren Anspruch auf KuG bis zum 31.12.2009 entsteht. Damit wurde die Kurzarbeit als Teil des Konjunkturpaketes II der Bundesregierung als vorrangiges Personalfreisetzungsinstrument zur Überbrückung der aktuellen Wirtschaftskrise hervorgehoben. Seitdem wirbt nicht nur die BA intensiv für die Inanspruchnahme der Kurzarbeit[284], sondern das Instrument erfuhr auch verstärktes öffentliches Interesse durch die Berichterstattung in den Medien. Allein durch diese öffentliche Hervorhebung des Instrumentes sind die Unternehmen einem Druck durch die externen Interessensgruppen im Personalfreisetzungsprozess (Staat, Medien, Konsumenten etc.) ausgesetzt, Entlassungen durch Kurzarbeit zu vermeiden. Die entscheidenden rechtlichen Änderungen werden im Folgenden bei den jeweiligen Voraussetzungen und Rechtsfolgen genannt.

Die einzelnen Tatbestände, die für einen Anspruch auf KuG erfüllt sein müssen, sind in der zentralen Norm des § 169 SGB III geregelt und näher in den §§ 170 bis 174 SGB III konkretisiert. Die Rechtsfolgen bzw. der Leistungsumfang bei Vorliegen dieser Voraussetzungen finden sich in den §§ 177 bis 181 SGB III.

5.4.1 Erheblicher Arbeitsausfall mit Entgeltausfall

Das wohl entscheidendste Kriterium ist der Nachweis der Voraussetzung, dass nach § 170 SGB III ein erheblicher Arbeitsausfall mit Entgeltausfall im Betrieb vorliegt. Dass der Entgeltausfall die arbeitsrechtliche Wirksamkeit der Kurzarbeit im Betrieb voraussetzt, wurde bereits erwähnt. Ein Arbeitsausfall wird als erheblich erachtet, wenn er (1.) auf wirtschaftlichen Gründen oder einem unabwendbarem Ereignis beruht, (2.) nur vorübergehend ist, (3.) nicht vermeidbar ist und (4.) im jeweiligen Kalendermonat (Anspruchszeitraum) mindestens ein Drittel der in dem Betrieb Beschäftigten AN von einem Entgeltausfall von jeweils mehr als 10% ihres monatlichen Bruttoentgeltes betroffen sind (§ 170 Abs.1 SGB III).

[284] Vgl. dazu den Internetauftritt der BA www.bmas.de und deren umfangreichen „Werbekampagne" unter der Rubrik „Einsatz für Arbeit – Mit Kurzarbeit die Krise meistern" (Stand: 02.06.2009).

(1.) Wirtschaftliche Gründe oder unabwendbares Ereignis

Die dargestellte Wirtschaftskrise als unternehmensexterne, ungeplante und durch die allgemeine wirtschaftliche Entwicklung ausgelöste Ursache für den Arbeitsausfall stellt zweifelsohne einen konjunkturell bedingten wirtschaftlichen Grund dar und erfüllt regelmäßig die Voraussetzung des § 170 Abs.2 SGB III.[285]

(2.) Vorübergehender Arbeitsausfall

Ein Arbeitsausfall kann als vorrübergehend erachtet werden, wenn nach Würdigung der Gesamtumstände des Einzelfalles damit zu rechnen ist, dass mit einer gewissen Wahrscheinlichkeit in absehbarer Zeit wieder mit einer Rückkehr zur Vollarbeit gerechnet werden kann.[286] Ansatzpunkt für die Beurteilung, ob der Arbeitsausfall vorübergehender Natur ist, stellt die Höchstbezugsdauer des § 177 Abs.1 S.2 SGB III dar. Diese wurde im Rahmen des Konjunkturpaketes II durch eine auf § 182 SGB III gestützte Verordnung zunächst von vorher 6 auf 18 Monate, und mit Beschluss vom 20.05.2009 sogar auf 24 Monate verlängert.[287] Die aktuelle Krise ist in ihrer Wirkung zwar nicht absehbar, jedoch kann aufgrund der dargestellten Konjunkturprognosen mit einer wirtschaftlichen Besserung im Jahre 2010 gerechnet werden.[288] Ein auf dieser Ursache beruhender Arbeitsausfall wird deshalb von der BA als vorübergehend anerkannt[289], wenn nicht schon eine Betriebsschließung oder Insolvenz bevorsteht. Für die Maßnahmenanalyse der Personalfreisetzungsplanung bedeutet die Anhebung der Höchstbezugsdauer, dass für das Instrument Kurzarbeit eine Planungssicherheit über 24 Monate gegeben wird und das Instrument dementsprechend lange zur Personalkostensenkung eingesetzt werden kann (in Bezug auf das definierte Beurteilungskriterium „Mögliche Dauer der Maßnahme“[290]).

---

[285] Vgl. Steinau-Steinrück / Mosch (2009): S.18 sowie Freudenberg (2009a): S. 202 (vgl. diesen auch ausführlich zu den Inhalten der unbestimmten Rechtsbegriffe).
[286] Vgl. Cohnen / Röger (2009): S.50 ; Dincher / Roth (2003): Sp.1046.
[287] vgl. Pressemitteilung „Kurzarbeit verlängert“ des Bundesministeriums für Arbeit und Soziales vom 20.05.2009.
[288] Vgl. hierzu *Anhang B* mit einer zusammenfassenden Darstellung der Wirtschaftsprognosen.
[289] Vgl. Freudenberg (2009a): S.202 ; Cohnen / Röger (2009): S.50 ;
[290] Vgl. hierzu Abschnitt 2.6.

(3.) Unvermeidbarkeit des Arbeitsausfalls

Der Betrieb hat vorab alle zumutbaren Maßnahmen (=wirtschaftlich/finanziell vertretbar und arbeitsrechtlich zulässig) zu ergreifen, die Kurzarbeit zu verhindern vermögen.[291] Die BA prüft daher, ob das Unternehmen alle wirtschaftlichen und personalpolitischen Möglichkeiten vorab zur Vermeidung des Arbeitsausfalls ergriffen hat oder ob diese vor Inanspruchnahme des KuG geplant sind.

Im Einzelnen kommen bei den *wirtschaftlichen Maßnahmen* vor allem die bereits angesprochenen Aktionsparameter der Produktions- und Absatzplanung in Betracht, also z.B. die erweiterte Lagerhaltung, das Vorziehen notwendiger Reparaturarbeiten oder die Rücknahme von Fremdaufträgen. Die rechtlichen Voraussetzungen zu einer kurzfristigen Personalanpassung bestimmen hier also die Produktions- und Absatzplanung wesentlich mit. Personalplanung kann daher bei einem geplanten Krisenmanagement nicht lediglich als abhängige Variable übriger Teilplanungen verstanden werden.

Die *personalpolitischen Maßnahmen*, die vor Inanspruchnahme des KuG zu ergreifen sind, werden größtenteils explizit in § 170 Abs.4 Nr.2-3 SGB III genannt. Zunächst hat der AG die örtliche Personalfreisetzungsmaßnahme der Umsetzung von verkürzt arbeitenden AN im Betrieb der Anordnung von Kurzarbeit vorzuziehen.[292] Der Arbeitsausfall gilt auch als vermeidbar und die Gewährung des KuG wird dann versagt, wenn der AG nicht durch die Gewährung von bezahltem Erholungsurlaub (vorgezogene Urlaubsplanung / Betriebsferien) den Arbeitsausfall vermindert oder zu vermeiden versucht hat (§ 170 Abs.4 Nr.2 SGB III). Der AG ist bei der Urlaubsplanung bzw. dem Entschluss zur Anordnung von Betriebsferien (= einheitliche Gewährung von Erholungsurlaub für AN durch vorübergehende Schließung des Betriebs) jedoch dahingehend eingeschränkt, dass die Urlaubswünsche der AN vorrangig zu berücksichtigen sind (§ 7 Abs.1 BurlG) und dass der Betriebsrat ein Mitbestimmungsrecht besitzt (§ 87 Abs.1 Nr.5 BetrVG).[293]

Neben der vorgezogenen Urlaubsplanung hat der AG auch die im Betrieb umgesetzten und rechtlich zulässigen Flexibilisierungsmöglichkeiten in Bezug auf die Arbeitszeitregelung zur Vermeidung des Bezugs des KuG zu nutzen. Dies wird in § 170 Abs.4 Nr.3 SGB III als

---

[291] Vgl. Gagel / Bieback (2008): § 170 Rn.110, 117 sowie Rn.113 zur Rechtfertigung der Überprüfung durch die Bundesagentur für Arbeit (entgegen der Kritik zum Einschnitt der unternehmerische Entscheidungsfreiheit).

[292] Vgl. Gagel / Bieback (2008): § 170 Rn.121.

[293] Vgl. weiterführend zur Urlaubsplanung als arbeitsrechtliches Instrument Schmidt (2009): S.4f. ; Lindemann / Simon (2008):S.2796 ; Gagel / Bieback (2008): §170 Rn.149-153.

Reaktion des Gesetzgebers auf die in den letzten Jahren verstärkt eingeführte Flexibilisierung der Arbeitszeit in Betrieben (z.B. durch Arbeitszeitkonten oder flexible Arbeitszeitmodelle wie Jahresarbeitszeit) ausdrücklich vorgeschrieben.[294] Dementsprechend sind unter Berücksichtigung der in § 170 Abs.4 S.3 Nr.1-5 SGB III genannten Ausnahmen zunächst im Betrieb vorhandene Arbeitszeitkonten mit Zeitguthaben vorrangig abzubauen.[295] Diese müssen jedoch im Zuge der Regelungsänderungen der Bundesregierung nicht mehr bis ins Minus ausgenutzt werden (§ 421t Abs.2 Nr.2 SGB III). Auch Leiharbeitnehmer müssen zur Vermeidung von Kurzarbeit im Betrieb nicht abgebaut werden. Vielmehr wurde der Bezug von KuG nun auch Leiharbeitnehmern ermöglicht.[296] Insgesamt sind alle rechtlich und wirtschaftlich zumutbaren Maßnahmen im Betrieb zu ergreifen, bevor die Agentur für Arbeit durch die Zahlung des KuG einen Teil des Wirtschaftsrisikos des Unternehmens übernimmt. Es kann also analog zu betriebsbedingten Kündigungen ein Vorrang milderer Mittel bzw. eine Art „Ultima-Ratio Prinzip" auf die Einführung der Kurzarbeit übertragen werden. Für die Maßnahmenplanung der Personalfreisetzung bedeutet dies, dass zunächst alle Maßnahmen der Produktions- und Absatzplanung sowie der örtlichen und zeitlich „milderen" Personalfreisetzungsinstrumente (ohne Lohnkürzung) ausgenutzt werden müssen, bevor Kurzarbeit im Unternehmen eingeführt werden kann. Dies ist jedoch auf die jeweilige Situation des Unternehmens hin spezifisch zu prüfen. Beispielsweise ist beim Handel mit verderblichen Waren eine Lagerhaltung wirtschaftlich nicht sinnvoll und somit auch vorab nicht durchzuführen. Zudem müssen flexible Arbeitszeiten nicht erst eingeführt, sondern nur bei Vorhandensein im Betrieb im rechtlich möglichen Rahmen ausgenutzt werden (etwa bei vorhandenen Betriebsvereinbarungen, Regelungen im Tarifvertrag etc.).[297]

(4.) <u>Mindestumfang des Arbeitsausfalls</u>

Der Arbeitsausfall muss einen in § 170 Abs.1 Nr.4 SGB III konkretisierten Mindestumfang an betroffenen AN im Betrieb (mindestens ein Drittel der im Betrieb beschäftigten AN) sowie an entfallenem Bruttoentgelt (mehr als 10% des monatlichen Bruttoentgelts) aufweisen. Im Zuge des Konjunkturpaketes II erfuhr diese Einschränkung eine wesentliche Verbesserung: Nach §421t Abs.2 Nr.1 SGB III gilt ein Arbeitsausfall nun auch als erheblich, wenn weniger als ein Drittel der Beschäftigten AN im Betrieb oder in einer Betriebsabtei-

---

[294] Vgl. Cohnen / Röger (2009): S.50 ; zum Zweck der Vorschrift Gagel / Bieback (2008): §170 Rn.155-157.
[295] Vgl. weiterführend zur Inanspruchnahme flexibler Arbeitszeitmodelle Lindemann / Simon (2008): S.2795f. .
[296] Vgl. Bundesagentur für Arbeit (2009b): S.2.
[297] Vgl. ausführlich zu den Flexibilisierungsmöglichkeiten Gagel / Bieback (2008): §170 Rn.158-174.

lung von einem Arbeitsausfall betroffen sind. Anspruchsberechtigt sind alle Kurzarbeiter, deren Arbeitsausfall jeweils mehr als 10% ihres monatlichen Bruttoentgelts beträgt. Damit wurde der Zugang zum Bezug des KuG wesentlich vereinfacht.

5.4.2 Betriebliche und persönliche Voraussetzungen

Sodann müssen die betrieblichen und persönlichen Voraussetzungen erfüllt sein, um KuG zu erhalten. Als betriebliche Voraussetzung reicht bereits die Beschäftigung eines AN im Betrieb oder in der Betriebsabteilung aus (§ 171 SGB III), womit jedes Unternehmen unabhängig von seiner Größe KuG beantragen kann. In der Praxis wird dementsprechend die Kurzarbeit auch über alle Branchen und Unternehmensgrößen hinweg genutzt.[298] Neben den allgemeinen und betrieblichen Voraussetzungen der Kurzarbeit werden im Gesetz eine Reihe von persönlichen Anspruchsvoraussetzungen für den Bezug von KuG ausführlich aufgelistet (§ 172 SGB III). Demnach muss ein ungekündigtes, nicht aufgehobenes Arbeitsverhältnis vorliegen (§ 172 Abs.1 Nr.2 SGB III). Das bedeutet für den AG, dass dieser die Zahlung von KuG nicht etwa zur Kürzung des Entgelts für gekündigte AN während der Kündigungsfrist nutzen kann. Aus Unternehmenssicht interessant ist zudem vor allem, dass nach § 172 Abs.3 SGB III die Kurzarbeiter in die Arbeitsvermittlung der Arbeitsverwaltung einbezogen werden und alternative Beschäftigungen in anderen Unternehmen angeboten bekommen.[299] Diese Regelung ist in der Praxis wenig bedeutsam, da die Arbeitsämter bevorzugt Arbeitslose zu vermitteln haben.[300] Der damit verbundene, häufig genannte Nachteil der Kurzarbeit in Form erhöhter Fluktuation[301] (Kurzarbeit als Krisenanzeichen bei Unternehmen) kann dadurch und durch das gesamtwirtschaftliche Ausmaß der Krise entkräftet werden.

5.4.3 Arbeitsausfallanzeige bei der Agentur für Arbeit

Die Gewährung von KuG setzt nach § 169 S.1 Nr.4 SGB III eine wirksame Arbeitsausfallanzeige durch den AG oder den Betriebsrat voraus. Dadurch hat AG oder Betriebsrat der Agentur für Arbeit das Vorliegen der bereits beschriebenen allgemeinen (§ 170 SGB III)

---

[298] Vgl. ausführlich zur Verbreitung von Kurzarbeit Deeke (2005): S.13-19.
[299] Es liegt im Interesse der Bundesagentur für Arbeit, durch eine Vermittlung des AN in einen anderen Betrieb den Leistungsbezug zu verkürzen bzw. zu beenden. Dies stellt unmittelbar einen Interessenskonflikt dar: Einerseits ist es Zielsetzung des KuG, den Betrieben AN zu erhalten, andererseits wird durch Vermittlung in einen anderen Betrieb die Solidargemeinschaft entlastet ; vgl. Dincher / Roth (2003): Sp.1047.
[300] Vgl. Deeke (2005): S.9.
[301] Vgl. bspw. Kammel (2003): Sp.1348 ; RKW (1996): S.220.

und betrieblichen (§ 171 SGB III) Voraussetzungen für den Anspruch auf KuG glaubhaft darzulegen (§ 173 Abs.1 S.4 SGB III). Entsprechende Mittel der Glaubhaftmachung sind beispielsweise die Betriebsvereinbarung zur arbeitsrechtlichen Einführung der Kurzarbeit, Lohnabrechnungslisten und Angaben über Lagerhaltung, Auftragslage, Urlaubsgewährung, Arbeitszeitregelung etc.[302] Im Zuge des Konjunkturpaketes der Bundesregierung wurde auch die Antragstellung erleichtert und die notwendigen Angaben reduziert. Zudem stellt die Bundesagentur verstärkt Mitarbeiter für eine problemlose und zügige Antragstellung sowie vorgefertigte Formulare auf der Internetseite der BA zur Verfügung. Der wirksame Antrag ist auch entscheidend für den Zeitpunkt, ab wann die Agentur für Arbeit KuG gewährt. Denn der Eingang der Anzeige beim zuständigen Arbeitsamt legt zugleich den frühest möglichen Anspruchsbeginn fest: Der Beginn des Monats, an dem die Anzeige eingereicht wurde (auch rückwirkend bei Eingang der Anzeige am Ende des Monats). Das zuständige Arbeitsamt hat dann dem Unternehmen unverzüglich mitzuteilen, ob die Voraussetzungen erfüllt sind und somit KuG gewährt wird.

Dieser Bescheid bildet die Grundlage für den im zweiten Schritt zu stellenden Antrag auf Auszahlung des KuG (§ 324 Abs.2 SGB III). Durch diesen wird der Arbeitsausfall aller betroffenen AN für den jeweiligen Kalendermonat durch den AG an die BA gemeldet.

Die Arbeitsausfallanzeige wirkt bis zum Ablauf der Bezugsfrist (24 Monate) und braucht innerhalb dieser Frist nicht erneuert zu werden. Wird die Bezugsfrist mehr als 3 Monate unterbrochen, so beginnt eine neue Frist (§ 177 Abs.3) und eine neue Anzeige wird nötig.[303] Durch die Anzeige wird die genaue Lage und Dauer des Bezugs des KuG nicht festgelegt, dies erfolgt über die monatlichen Arbeitsausfallmeldungen zum Bezug des KuG. Das Unternehmen bleibt hier also flexibel und kann die Kurzarbeit innerhalb des arbeitsrechtlichen Rahmens flexibel nutzen. Ein Einsatz des Instrumentes ist daher zeitlich kurzfristig umsetzbar.

Obwohl die AN Inhaber des Anspruchs auf KuG sind, hat der Arbeitgeber den administrativen Aufwand der Antragstellung kostenlos zu leisten. Damit ergibt sich ein erhöhter administrativer Verwaltungsaufwand für das Unternehmen (vgl. § 320 SGB III), was als

---

[302] Vgl. Gagel / Biback (2008): § 173 Rn.50 ; Freudenberg (2009a): S.203f. ; Cohnen / Röger (2009): S.51.

[303] Vgl. Gagel / Bieback (2008): § 173 Rn.54.

Nachteil der Kurzarbeit gesehen werden kann[304], jedoch aufgrund der Antragsvereinfachungen durch das Konjunkturpaket II abgemildert wurde.

5.5 Leistungsumfang bei Vorliegen der Voraussetzungen

5.5.1 KuG als Entgeltersatzleistung für den AN

Soweit die Arbeitsausfallanzeige bei der BA wirksam angezeigt wurde[305], haben die AN als Ausgleich für das verkürzte Entgelt einen Anspruch auf die Zahlung des KuG, dessen Höhe in § 178 SGB III geregelt ist. Das KuG beträgt demnach für AN, welche beim Arbeitslosengeld die Voraussetzungen für den erhöhten Leistungssatz erfüllen würden, 67%[306], für die übrigen AN 60% der Nettoentgeltdifferenz.

Diese Nettoentgeltdifferenz entspricht nach § 179 Abs.1 S.1 SGB III dem Unterschiedsbetrag zwischen dem pauschalisierten Nettoentgelt aus dem Sollentgelt und dem pauschalisierten Nettoentgelt aus dem Ist-Entgelt.
Zunächst wird also das *Sollentgelt* festgestellt, d.h. das Bruttoarbeitsentgelt, das der AN ohne Arbeitszeitverkürzung im Anspruchszeitraum erzielt hätte (ohne Überstundenzuschläge). Diesem Sollentgelt wird das *Istentgelt* gegenübergestellt, welches das in dem Anspruchszeitraum durch die Arbeitszeitverkürzung tatsächlich erzielte Bruttoentgelt darstellt (§ 179 Abs.1 S.2 und 3 SGB III). Etwaige Aufstockungen zum KuG durch den AG (z.B. wegen tariflicher Vereinbarung) bleiben dabei außer Betracht (§ 179 Abs.2 S.2 SGB III) und mindern das KuG nicht.[307]
Beide Beträge werden nunmehr pauschalisiert. In der jeweils für einen Kalenderjahr festgelegten *Verordnung über die pauschalisierten Nettoentgelte für das Kurzarbeitergeld*[308] werden dazu die zur Berechnung des KuG maßgeblichen pauschalisierten Nettoarbeitsentgelte aus der Tabelle ermittelt.
Die Differenz aus diesen beiden pauschalisierten Nettoentgelte ergibt die Bemessungsgrundlage für die Anwendung des Leistungssatzes von 60% bzw. 67%. Die pauschalisierte

---

[304] Vgl. Kammel (2003): Sp.1348 ; RKW (1996): S.220 ; vgl. zu den Arbeitgeberpflichten beim Kurzarbeitergeld Küttner / Voelzke (2008): Kurzarbeit Rn. 56-62.
[305] Dazu müssen, wie bereits aufgezeigt, sowohl die arbeitsrechtlichen Voraussetzungen zur Einführung als auch die sozialversicherungsrechtlichen Tatbestände des §169ff. SGB III erfüllt sein.
[306] Diesen Leistungssatz erhalten alle Leistungsempfänger, auf deren Lohnsteuerkarte ein Kinderfreibetrag in Höhe von 0,5 oder höher eingetragen ist. Die Anzahl der Kinder ist unbedeutend, maßgebend ist allein die Lohnsteuerkarte bzw. die Bescheinigung nach §39d EStG.
[307] Vgl. Cohnen / Röger (2009): S.52 ; Freudenberg (2009a): S.205 ; Küttner / Voelzke (2008): Kurzarbeit Rn.63.
[308] Abrufbar unter *http://bundesrecht.juris.de/sgb3entgv_2009/* ; Stand: 02.06.2009.

Nettoentgeltdifferenz, multipliziert mit dem Leistungssatz, ergibt den Betrag des KuG, den der AN als Entgeltersatzleistung durch die BA erhält.[309] Dieses ist als Lohnersatzleistung nach § 3 Nr.2 EStG steuerfrei und unterliegt nur dem sog. Progressionsvorbehalt nach § 32b Abs.1 Nr.1a EStG bei der Einkommenssteuerveranlagung.[310]

Für den AN führt die Gewährung von KuG insgesamt dazu, dass er trotz verringerter Arbeitszeit ein überproportionales Entgelt erhält.[311] Wie die beiden Berechnungsbeispiele in *Anhang D* zeigen, verbleiben beispielsweise bei einem ledigen, kinderlosen AN bei einer um 50 Prozent verringerten Arbeitszeit noch rund 80 Prozent der bisherigen Nettobezüge. Bei einem verheirateten AN mit Kind führt eine um 33 Prozent verringerte Arbeitszeit lediglich zu einer Nettolohneinbuße von 10 Prozent. Die sozialen Folgen durch den Einkommensverlust werden also durch die Entgeltersatzzahlung der BA größtenteils aufgefangen. Auch im Falle einer folgenden Arbeitslosigkeit wird durch den Erhalt des KuG die Höhe des Arbeitslosengeldes nicht vermindert, da dessen Bemessungsgrundlage gem. § 131 Abs.3 Nr.1 SGB III das Arbeitsentgelt ist, das der Arbeitslose ohne den Arbeitsausfall und ohne Mehrarbeit erzielt hätte (Soll-Entgelt).

5.5.2 Kostenentlastung für den Arbeitgeber

Der AG ist durch die Herabsetzung der Arbeitszeit zur entsprechenden proportionalen Kürzung der Bruttovergütung berechtigt (teilweise Suspendierung der Vertragspflichten). Für das tatsächlich erzielte beitragspflichtige Arbeitsentgelt (Istentgelt) besteht die Versicherungspflicht in allen Zweigen der Sozialversicherung weiterhin nach den allgemeinen Regeln fort, d.h. dafür haben AN und AG je hälftig die Beiträge zu Kranken- und Pflege-, Renten- und Arbeitslosenversicherung auch während der Kurzarbeit abzuführen.[312]

Zusätzlich dazu hat der AG hat jedoch noch auf 80% des Differenzbetrages zwischen Soll- und Istentgelt (=Arbeitsausfallentgelt) die vollen Sozialversicherungsbeiträge allein zu tragen (Renten-, Kranken- und Pflegeversicherung ohne Arbeitslosenversicherung). Dazu wird ein sog. fiktives Entgelt i.H.v. 80 Prozent des Arbeitsausfallentgelts berechnet, welches dann auf die Bemessungsgrundlage des Istentgelts zur Ermittlung der abzuführenden

[309] Vgl. zum Berechnungsverfahren Freudenberg (2009a): S.204f. ; Cohnen / Röger (2009): S.51f. ; Dincher / Roth (2003): Sp.1048.

[310] Aus diesem Grund können sich ggf. Lohnsteuernachzahlungen für die AN ergeben.

[311] Vgl. Haag / Discher (2002): S.498.

[312] Vgl. Schmidt (2009): S. 10 ; Cohnen / Röger (2009): S.52 ; Freudenberg (2009b): S.206.

Sozialversicherungsbeiträge hinzugerechnet wird.[313] In *Anhang E* wird anhand zweier Beispiele die zusätzliche Kostenbelastung für den AG durch die allein zu tragenden Sozialversicherungsabgaben dargestellt.

Für den AG rechnet sich der Bezug des KuG also zunächst nicht im selben Umfang wie für den AN, denn er hat für 80 Prozent der gekürzten Vergütung weiterhin Sozialversicherungsbeiträge abzuführen, die ausschließlich von diesem zu tragen sind.[314]

Diese Kostenbelastung ist als wesentlicher Nachteil der Kurzarbeit zu sehen. *Dincher / Roth* stellen deshalb in Frage, ob Kurzarbeit unter Kostengesichtspunkten für den betroffenen Betrieb stets die günstigere Lösung zu Entlassungen darstellt. Sie machen vor allem die Verteuerung der Kurzarbeit durch die Belastung der Betriebe mit den vollen Sozialversicherungsbeiträgen sowie Remanenzkosten[315] verantwortlich dafür, dass die Inanspruchnahme des Instruments durch die Betriebe bis zum Jahr 2003 stetig abnahm. Sie verweisen auf Schätzungen der Bundesanstalt für Arbeit, nach der sich die Kosten der Kurzarbeit für den Betrieb auf inzwischen mehr als 60% des ausbezahlten KuG summieren. Um das Instrument für die Praxis wieder interessant zu gestalten, seien vor allem die Regelungen über die Sozialbeiträge bei der Kurzarbeit ein geeigneter Hebel, an dem der Gesetzgeber „angreifen" könne.[316]

Mit den aktuellen Regelungsänderungen zum Bezug des KuG will der Gesetzgeber genau dort ansetzen und die Kostenbelastung für den AG senken[317]:

- dem AG werden nun auf Antrag 50 Prozent der von ihm allein zu tragenden Beiträge zur Sozialversicherung für das Arbeitsausfallentgelt in pauschalierter Form (=19,6 %) durch die BA erstattet (§ 421t Abs.1 Nr.1 SGB III).
- für Zeiten der Teilnahme eines vom Arbeitsausfall betroffenen AN an einer berücksichtigungsfähigen beruflichen Qualifizierungsmaßnahme werden dem AG die von ihm allein zu tragenden Beiträge zur Sozialversicherung für den jeweiligen Kalendermonat auf Antrag in voller Höhe in pauschalierter Form erstattet (wenn der zeitliche Umfang der Qualifizierungsmaßnahme mindestens 50 Prozent der Ausfallzeit

313 Vgl. Küttner / Voelzke (2008): Kurzarbeit Rn.64 ; Schmidt (2009): S.10.
314 Vgl. Haag / Discher (2002): S.498.
315 Das volle Entgelt muss weiterhin für bezahlte Freistellungen (Feiertage, Urlaub) aufgebracht werden. Zudem fallen Sonderzahlungen (Einmalzahlungen, vermögenswirksame Leistungen, Urlaubsgeld) während der Kurzarbeit weiterhin an.
316 Vgl. Dincher / Roth (2003): Sp. 1051f. .
317 Vgl. Paatz (2009): S.45.

beträgt). Berücksichtigungsfähig sind dabei alle beruflichen Qualifizierungsmaßnahmen, die mit öffentlichen Mitteln gefördert werden. Nicht öffentlich geförderte Qualifizierungsmaßnahmen sind berücksichtigungsfähig, wenn ihre Durchführung weder im ausschließlichen oder erkennbar überwiegenden Interesse des Unternehmens liegt noch der Arbeitgeber gesetzlich zur Durchführung verpflichtet ist (§ 421t Abs.1 Nr.2 SGB III).

- Zusätzlich hat das Bundeskabinett kürzlich die volle pauschalierte Erstattung der Sozialversicherungsbeiträge unabhängig von Qualifizierungsmaßnahmen ab dem 7. Monat des Bezugs von KuG beschlossen. Damit werden Sozialversicherungsbeiträge für ab dem 1. Januar 2009 durchgeführte Kurzarbeit ab dem siebten Kalendermonat des Bezugs auf Antrag vollständig von der BA erstattet.[318]

Durch die Übernahme der Sozialversicherungsbeiträge und die finanzielle Förderung bei Qualifizierungsmaßnahmen[319] durch die BA ergibt sich für den AG eine zusätzliche Kostenentlastung und er kann gleichzeitig eine Aufwertung seines Humankapitals erreichen. In *Anhang F* ist ein Berechnungsbeispiel dargestellt, welches den Umfang der Personalkostenreduzierung für den AG durch die Erstattung der Sozialversicherungsbeiträge aufzeigt. Als Ergebnis lässt sich festhalten, dass sich durch die eben aufgezeigten gesetzlichen Neuregelungen eine Senkung der Personalkosten proportional zur Arbeitszeitverkürzung erreichen lässt.

Zu Qualifizierungsmaßnahmen während der Zeit des Arbeitsausfalls bietet die BA eine Vielzahl von finanziell geförderten Möglichkeiten an. Bisher nutzten die Betriebe bei konjunkturell bedingter Kurzarbeit die Arbeitsausfallzeit nur in den wenigsten Fällen für Qualifizierungsmaßnahmen.[320] Die Bundeshaushaltsmittel hierzu wurden deshalb für die Jahre 2009 und 2010 wesentlich aufgestockt und der Zugang zu diesen Maßnahmen wurde durch die Regelungsänderungen wesentlich erleichtert (vgl. § 421t Abs.4 i.V.m. § 417 SGB

---

[318] Vgl. Pressemitteilung „Kurzarbeit verlängert" des Bundesministeriums für Arbeit und Soziales vom 20.05.2009.

[319] Dabei können alle Bezieher von KuG ab dem 1.Januar 2009 mit Mitteln aus dem Europäischen Sozialfond (ESF) gefördert werden. Es werden bis zu 80 % der Lehrgangskosten erstattet, wenn diese als angemessen im Sinne der Anerkennungs- und Zulassungsverordnung (AZWV) gelten ; vgl. hierzu die *Richtlinie für aus Mitteln des Europäischen Sozialfonds (ESF) mitfinanzierte Qualifizierungsangebote für Bezieherinnen und Bezieher von Kurzarbeitergeld* vom 18.12.2008. Das schon bestehende Förderprogramm zur Weiterbildung gering qualifizierter und älterer Beschäftigter im Unternehmen (WeGebAU) wurde ebenfalls für Bezieher des KuG geöffnet.

[320] vgl. Deeke (2005): S.33: Demnach haben bundesweit nur fünf Prozent aller kurzarbeitenden Betriebe im ersten Halbjahr 2003 Maßnahmen der beruflichen Orientierung oder Qualifizierung für ihre Kurzarbeitenden durchgeführt.

III).[321] Die konkrete Höhe der Förderung liegt zwischen 25 und 80 Prozent der übernahmefähigen Kosten und richtet sich nach Art der Qualifizierung, der Betriebsgröße und der Person des AN.[322]

---

[321] Vgl. ausführlich Jüngst (2009): S.163.

[322] Auf die Vielzahl an Möglichkeiten und Voraussetzungen kann in dieser Arbeit nicht eingegangen werden. Weiterführend sei hierzu auf den Internetauftritt der BA verwiesen, wo den Unternehmen sowohl Informationsmaterial wie auch persönliche Beratungsgespräche bzgl. der Qualifizierungsmöglichkeiten während der Kurzarbeit angeboten werden.

6. SCHLUSSBETRACHTUNG UND AUSBLICK

Kurzarbeit stellt in der aktuellen Wirtschafts- und Finanzkrise ein probates Mittel zur Überbrückung des temporären Personalüberhanges und eine sinnvolle Alternative zur betriebsbedingten Kündigung dar.

Abgesehen von geringen zeitlichen Ankündigungsfristen ist die Einführung von Kurzarbeit im Betrieb und der Bezug des KuG kurzfristig (und arbeitsrechtlich weitgehend problemlos) umsetzbar und lässt eine zeitliche Personalkapazitätsreduktion proportional zum verminderten Arbeitsanfall zu (wirksame Anpassungsfähigkeit).[323]

Der AG verhindert durch Kurzarbeit den dauerhaften Abbau von unter Umständen gut ausgebildeten, langjährig eingearbeiteten und mit dem Unternehmen und dessen Produkten vertrauten Mitarbeitern/Fachkräften. Das Humankapital als strategische Ressource bleibt erhalten und kann durch finanziell geförderte Qualifizierungsmaßnahmen während der Zeit des Arbeitsausfalls weiter aufgewertet werden. Die Krise kann dementsprechend auch als Chance gesehen werden, dass das Unternehmen in Zeiten des Aufschwungs auf der Basis qualifizierter Mitarbeiter verstärkt wettbewerbsfähig aus der Krise hervorgeht. Denn während die Produktionsfaktoren Werkstoffe und Betriebsmittel auf offenen Märkten von allen Betrieben zu annähernd gleichen Bedingungen erworben werden können, kann durch den Einsatz von qualifizierten und motivierten Mitarbeitern ein Wettbewerbsvorsprung gegenüber Konkurrenzunternehmen erreicht werden.[324] Das Personal kann dementsprechend als Erfolgsfaktor in der ökonomischen Krise gesehen werden.[325] Das Instrument der Kurzarbeit ermöglicht eine Kombination von zeitlicher und finanziell geförderter qualitativer Personalanpassung.

Zudem kann der AG bei wieder steigendem Arbeits- und Personalbedarf jederzeit flexibel auf die bewährten Kräfte zugreifen und muss nicht erst neue Mitarbeiter einstellen, diese kosten- und zeitintensiv einlernen und mit seinen Produkten/Dienstleistungen und den jeweiligen betrieblichen Abläufen und Besonderheiten vertraut machen (Beurteilungskriterium Planbarkeit/Reversibilität).[326] Die Bundesregierung hat neben den Regelungsänderungen zur Kurzarbeit eine Vielzahl an weiteren Maßnahmen zur Unterstützung der Wirtschaft beschlossen. Zu nennen sind bspw. die sog. Abwrackprämie oder verstärkt öffentliche In-

[323] Vgl. RKW (1996): S.220.
[324] Vgl. Wöhe / Döring (2005): S.152.
[325] Vgl. Ridder (1994): S.42-44.
[326] Vgl. Haag / Discher (2002): S.494.

vestitionen in die Wirtschaft, die für Unternehmen kurzfristig zu erhöhten Auftragseingängen führen können. Vor allem die Flexibilität der Personalanpassung ist beim Instrument der Kurzarbeit daher besonders vorteilhaft gegenüber einem dauerhaften Abbau von Personal durch betriebsbedingte Kündigungen.

Ist also der zeitliche Umfang des Personalüberhanges abschätzbar[327], so kann durch die Einführung von Kurzarbeit zum einen erreicht werden, dass der Unternehmer weiterhin mit gleich bleibenden Lohn- und Gehaltskosten belastet bleibt, obwohl der Umfang der Beschäftigung nicht mehr für alle AN bei der betriebsüblichen Stundenzahl ausreicht. Zum anderen steht der Unternehmer während oder am Ende der wirtschaftlichen Krise nicht vor der Situation, eventuell zu wenige AN zu beschäftigen, um die gestiegene Nachfrage befriedigen zu können. Er erspart sich wertvolle Zeit und Kosten für Neueinstellungen, die er in Folge von betriebsbedingten Kündigungen zu tragen hätte.

Die in Abschnitt 4.5 aufgezeigten Folgewirkungen von Kündigungen auf das Unternehmen und das verbleibende Personal werden durch die interessenswahrende, beschäftigungserhaltende Maßnahme der Kurzarbeit verhindert. Vielmehr ist sogar ein gegenteiliger, positiver Effekt zu erwarten, da das Unternehmen seiner sozialen Verantwortung gerecht wird und der Belegschaft durch die beschäftigungserhaltende Maßnahme Arbeitsplatzsicherheit vermittelt. Entgegen der Folgewirkungen bei Personalabbau wie Leistungsabfall, Innere Kündigung, Fluktuation, Absentismus etc. ist dadurch eher von erhöhter Leistungsbereitschaft und zunehmendem Commitment gegenüber dem Unternehmen auszugehen. Eine empirische Untersuchung des IAB aus dem Jahr 2003 ergab, dass die durchschnittliche Fluktuationsrate der Betriebe mit Kurzarbeit 3,6 Prozent und die der Betriebe ohne Kurzarbeit (und mit Personalabbau) 5,3 Prozent betrug.[328] Dies ist als Indiz für die beschäftigungssichernde Wirkung der Kurzarbeit im Unternehmen auf die Mitarbeiter zu sehen.

Die gestalterische Freiheit behält sich der AG auch mit der Einführung von Kurzarbeit bei, denn betriebsbedingte Kündigungen sind auch während der Kurzarbeit möglich, wenn der AG weitere Gründe vorbringt.[329] Somit kann vor dem Hintergrund der wachsenden Handlungsnotwendigkeit in der Krise durch die Kurzarbeit auch ein Zeitgewinn erfolgen, dieses Instrument in Kombination mit weiteren Personalfreisetzungsmaßnahmen einzusetzen oder

[327] Was durch die Anhebung der Höchstbezugsdauer des KuG auf 24 Monate angehoben wurde und den Unternehmen damit einen längerfristigen Einsatz des Instrumentes ermöglicht. Die Wirtschafts- und Finanzkrise kann somit überbrückt werden.

[328] Vgl. Deeke (2005): S.22.

[329] Vgl. dazu die Ausführung in Abschnitt 4.3.2 bei der Analyse der betriebsbedingten Kündigung.

deren Anwendung stufenweise einzuleiten (vor allem mildere Personalabbauinstrumente wie vorzeitige Pensionierung, Ausnutzung der natürlichen Fluktuation, Einstellungsstopp oder Aufhebungsverträge).[330] Denn eine antizipative Personalfreisetzungsplanung gestaltet sich aufgrund der eingeschränkten Planbarkeit und Prognostizierbarkeit künftiger Ereignisse als schwierig, schafft jedoch erst die Voraussetzung für einen möglichen Einsatz aller Personalfreisetzungsinstrumente.[331] Somit lässt sich durch die Kurzarbeit eine schnell realisierbare Kostenentlastung erzielen, auf deren Grundlage der längerfristige Einsatz von milderen Personalabbaumaßnahmen durchgeführt werden kann. In der Praxis konnte jedoch bereits vor den umfangreichen Regelungsänderungen ein Großteil der Betriebe mit Kurzarbeit einen Personalabbau verhindern.[332]

Nicht zuletzt aufgrund dieses Maßnahmenpaketes der Bundesregierung trägt Kurzarbeit zu einer wesentlichen Kostenentlastung im Betrieb bei. Letztendlich stellt dies aus der betriebswirtschaftlichen Sicht vor dem Hintergrund der operationalisierten Zielsetzungen einer Personalkosten- und Personalkapazitätsreduktion auch den vorrangigen Zweck der Kurzarbeit dar. Hingegen wurde bei der Analyse der betriebsbedingten Kündigung festgestellt, dass sich eine Kostenentlastung durch das Zusammenwirken von vielseitigen direkten und indirekten Kosten höchstens mittel- bis langfristig erreichen lässt. Schon allein aus dem dargestellten Konflikt- und Kostenaspekt heraus ist demnach eine kooperative interessensgerechte Lösung anzustreben, die insbesondere in der Einführung von Kurzarbeit vereinbar erscheint. So ließe sich mit den Kosten, die bspw. bei einer Massenentlassung pro Mitarbeiter anfallen, die Kurzarbeit u.U. über einen langen Zeitraum finanzieren, welche zudem noch zu einer schnelleren Kostenentlastung als bei der Durchführung einer Massenentlassung führt.

Für die AN ist dieses Personalfreisetzungsinstrument ebenfalls mit Vorteilen verbunden, denn sie behalten ihren Arbeitsplatz bei und werden nicht in die Arbeitslosigkeit entlassen. Die sozialen Folgen für die AN durch den Einkommensverlust werden größtenteils kompensiert durch die Zahlung des KuG als Entgeltersatzleistung.

Kurzarbeit stellt deshalb angesichts des dargestellten konfliktären Potentials im Personalplanungsprozess ein Instrument dar, welches dem definierten Oberziel eines folgeminimalen Personalfreisetzungsmanagements in Form eines Interessensausgleichs zur Sicherung

[330] Vgl. RKW (1996): S.220.
[331] Vgl. Drumm (2005): S.295.
[332] Vgl. hierzu die empirischen Ergebnisse bei Deeke (2005): S.19-23.

der Überlebensfähigkeit des Unternehmens gerecht wird. Zugleich trägt es wesentlich zu den operationalisierten Zielsetzungen „Personalkosten- und Personalkapazitätsreduktion" bei.

Dabei wird anhand der umfangreichen Regelungsänderungen vor allem das Interesse des Staates an einer betrieblichen Inanspruchnahme der Kurzarbeit zur Vermeidung von Arbeitslosigkeit deutlich.[333] Durch die Vermeidung von Entlassungen und damit verbundener erhöhter Arbeitslosigkeit sollen die Zahlung von Arbeitslosengeld und die mit der Rückführung der Beschäftigten in den Arbeitsmarkt verbundenen Kosten eingespart werden.[334] Zudem wird der Verwaltungsaufwand auf die Betriebe übertragen, denn diese haben die Antragstellung zum KuG kostenlos zu übernehmen.[335] Die Maßnahme ist auch vor dem Hintergrund der anstehenden Bundestagswahlen im September 2009 zu sehen. So steht hinter der Förderung der Kurzarbeit neben dem wirtschaftlichen Aspekt auch ein sehr politischer, denn Arbeitslosigkeit stellt im Wahlkampf der Parteien ein entscheidendes Thema dar. Dennoch ist volkswirtschaftlich gesehen selbst durch die umfangreiche Inanspruchnahme von KuG durch die Unternehmen nicht gewährleistet, dass dadurch langfristig Arbeitslosigkeit vermieden wird. Vor allem wenn sich die wirtschaftliche Situation nicht entsprechend der Wirtschaftsprognosen bis 2010 erholt, sind Personalabbauaktivitäten durch die Unternehmen (selbst durch betriebsbedingte Kündigungen) auch während der Kurzarbeit möglich.

Vor allem die Automobilindustrie trifft der zyklische Abwärtstrend momentan härter als andere Branchen, weil sich weltweit sinkende Vermögenswerte besonders heftig in einer schwächeren Pkw-Nachfrage niederschlagen. Hinzu kommen strukturelle Probleme: Die Entwicklungen an den Mineralölmärkten mit ihren Rekordpreisen im Jahr 2008 haben das Preisbewusstsein mancher Verbraucher verändert und entsprechenden Nachfrageverschiebungen geführt. Die Unklarheit über die umwelt- und steuerpolitischen Rahmenbedingungen in Deutschland und Europa haben die potenziellen Käufer zusätzlich verunsichert und infolgedessen Anschaffungen zumindest aufschieben lassen.[336] Somit steht vor allem in

---

[333] Vgl. zum Ziel der Zahlung des KuG durch die Arbeitsagentur: Bundesagentur für Arbeit (2009a): S.8 sowie zu den gesetzlichen Zielen des KuG bei Gagel / Bieback (2008): §169 Rn.10.

[334] Vgl. die Begründung zum Gesetz der Sicherung der Beschäftigung und Stabilität in Deutschland in der Pressemitteilung „Kurzarbeitergeld kann länger gezahlt werden" des Bundesministeriums für Arbeit und Soziales vom 12.11.2008.

[335] Vgl. Dincher / Roth (2003): Sp.1050.

[336] Vgl. DIHK (2009): S.9f.

Frage, ob Kurzarbeit auch bei strukturell bedingten Ursachen (womöglich dauerhaften Personalüberhang) eine geeignete Alternative zu Personalabbau darstellt. Maßnahmenstrategien sind somit entsprechend des planerischen Phasenschemas auf die jeweilige Ursache hin unternehmensspezifisch durchzuführen. Die Formulierung eines allgemeingültigen „Patentrezeptes" zum Abbau personeller Überkapazitäten ist daher nicht möglich (sondern aus der unternehmensspezifischen Situation heraus zu entscheiden).[337]

Kritik an der Kurzarbeit kann daher lediglich aus volkswirtschaftlicher Sicht, bedingt durch die öffentlich zu tragenden Kosten und etwaige Mitnahmeeffekte durch Unternehmen geübt werden.

Aus Unternehmenssicht erweist es sich als wirksames und zielerfüllendes Personalfreisetzungsinstrument, dessen Einführung in diesem Buch sogar als Wirksamkeitsvoraussetzung für eine wirksame betriebsbedingte Kündigung herausgestellt wurde.

Aufgrund der sozialversicherungsrechtlichen Voraussetzungen kann jedoch analog zur Kündigung auch hier eine Art „Ultima-Ratio-Grundsatz" auf die Kurzarbeit übertragen werden, denn zum Bezug des KuG müssen vorab alle genannten Maßnahmen ergriffen worden sein, die den Arbeitsausfall vermeiden können. Dadurch wird insgesamt gesehen die Personalfreisetzungsplanung in der aktuellen Wirtschafts- und Finanzkrise für Unternehmen aufgrund rechtlicher Regelungen weitgehend determiniert. So spiegeln die Ausgestaltung und die Durchführung von Personalfreisetzungsentscheidungen bei dem hier vorliegenden konjunkturellen Auftragsrückgang nur bedingt die freie Unternehmensentscheidung wider.[338] Auf Grundlage des dargestellten Konfliktpotentials lässt sich jedoch festhalten, dass die Kündigung nicht nur vor dem Hintergrund rechtlicher Regelungen, sondern auch aus betriebswirtschaftlicher Sicht das Ultima Ratio der Personalfreisetzungsplanung darstellen sollte, wenn andere, „mildere" Instrumente nicht mehr greifen.

[337] Vgl. Marr / Steiner (2003): S.277.
[338] Vgl. Hardege / Schmitz (2008): S.6 ; Kammel (2003): Sp. 1346.

Literaturverzeichnis

Aktuelle Steuertexte 2008, Stand 1.Januar 2008, Verlag C.H. Beck, München 2008.

Andrzejewski, Laurenz (2002): Trennungs-Kultur – Handbuch für ein professionelles, wirtschaftliches und faires Kündigungsmanagement, Luchterhand Verlag, Neuwied / Kriftel.

Andrzejewski, Laurenz (2003): Personalabbau und Kündigung wirtschaftlich, professionell und fair gestalten, in: Hernsteiner – Fachzeitschrift für Managemententwicklung, 16.Jg., Heft 3/2003, S. 4-9.

Arbeitsgesetze (ArbG): 71. Aufl., Stand 1.Juli 2007, Deutscher Taschenbuch Verlag, 2007.

Bauer, Jobst-Hubertus / Günther, Jens (2009): Ungelöste Probleme bei Einführung von Kurzarbeit, in: Betriebs-Berater, 64.Jg., Heft 13/2009, S. 662-667.

Besgen, Nicolai (2009): Die örtliche Versetzung von Arbeitnehmern – Direktionsrecht oder Änderungskündigung?, in: B+P – Zeitschrift für Betrieb und Personal, 40.Jg., Heft 4/2009, S. 234-240.

Brockner, Joel (1988): The Effects of Work Layoffs on Survivors: Research, Theory and Practice, in: Research in Organizational Behaviour, Vol. 10/1988, S. 213-255.

Brockner, Joel (1992): Managing the Effects of Layoffs on Survivors, in: California Management Review, Vol. 34, No.2 / Winter 1992, S. 9-28.

Brox, Hans / Rüthers, Bernd / Henssler, Martin (2007): Arbeitsrecht, 17. Auflage, Verlag W. Kohlhammer, Stuttgart.

Bundesagentur für Arbeit (2009a): Der Arbeits- und Ausbildungsmarkt in Deutschland - Monatsbericht Mai 2009, Nürnberg 2009.

Bundesagentur für Arbeit (2009b): Einstellungssache – Der Newsletter für Arbeitgeber Februar 2009, Nürnberg 2009.

Cohnen, Karl-Dietmar / Röger, Hendrik (2009): Kurzarbeit als Antwort auf kurzfristig auftretende Konjunkturschwächen, in: Betriebs-Berater, 64.Jg., Heft 1/2009, S.46-52.

Deeke, Axel (2005): Kurzarbeit als Instrument betrieblicher Flexibilität – Ergebnisse aus dem IAB-Betriebspanel 2003, IAB Forschungsbericht Nr. 12/2005, Nürnberg.

Deeke, Axel (2004): Qualifizierung bei Kurzarbeit, in: Halbzeitbewertung des "ESF-BA-Programm 2000-2006", Reihe: Beiträge zur Arbeitsmarkt- und Berufsforschung, Nr. 283, Nürnberg, S. 265-291.

Deutsche Bundesbank (2009): Monatsbericht Januar 2009, 61.Jg./Nr.1, Frankfurt am Main 2009.

Deutscher Industrie- und Handelskammertag (2009): Wirtschaftslage und Erwartungen - Ergebnisse der DIHK-Umfrage bei den Industrie- und Handelskammern Jahresbeginn 2009, Berlin 2009.

Dincher, Roland / Roth, Hans (2003) : Kurzarbeit, in: Handwörterbuch des Personalwesens, hrsg. von Eduard Gaugler und Walter Oechsler, 3. Auflage, Schäffer-Poeschel Verlag, Stuttgart, Sp. 1044 - 1052.

Drumm, Hans Jürgen (2005): Personalwirtschaft, 5. Auflage, Springer Verlag, Berlin et. al.

Ehlers, Harald (2003): Personalabbau in schwierigen Zeiten - Ein Plädoyer für einen Beschäftigungspakt und die Mediation, in: Neue Juristische Wochenschrift (NJW), 56. Jg., Heft 33/2003, S. 2337 – 2344.

Eigler, Joachim (1997): Fehlsteuerungen durch hektischen Personalabbau in der Krise, in: Personal – Zeitschrift für Human Resource Management, Heft 4/1997,S.176-179.

Fendel, Ralf / Frenkel, Michael (2009): Die Subprime-Krise 2007/08: Ursachen, Auswirkungen und Lehren, in: Wirtschaftswissenschaftliches Studium (WiSt) – Zeitschrift für Ausbildung und Hochschulkontakt, 38. Jg, Heft 2, Februar 2009, S. 78 – 85.

Freudenberg, Ulrich (2009a): Der Anspruch auf Kurzarbeitergeld, in: B+P – Zeitschrift für Betrieb und Personal, 40.Jg., Heft 3/2009, S. 201-205.

Freudenberg, Ulrich (2009b): Sozialversicherung bei Kurzarbeitergeld, in: B+P – Zeitschrift für Betrieb und Personal, 40.Jg., Heft 3/2009, S. 206-209.

Fröhlich, Werner / Gindert, Christine (1994): Leistungsoptimierung in rezessiven Zeiten durch strategische Personalanpassung; in: Scholz, Christian / Oberschulte, Hans (Hrsg.): Personalmanagement in Abhängigkeit von der Konjunktur, Rainer Hampp Verlag, München und Mering, S. 185-202.

Gagel, Alexander (2008): Sozialgesetzbuch III – Arbeitsförderung: Kommentar, Band 1, Verlag C.H. Beck, München.

Gaugler, Eduard (1974): Betriebliche Personalplanung – Eine Literaturanalyse, Verlag Otto Schwartz, Göttingen.

Gaugler, Eduard (1994): Personalmanagement in wirtschaftlich schwierigen Zeiten; in: Personalmanagement in Abhängigkeit von der Konjunktur, hrsg. von Christian Scholz und Hans Oberschulte, Rainer Hampp Verlag, München und Mering, S. 1 – 14.

Haag, Oliver / Discher, Matthias (2002): Kurzarbeit – Alternative zur Kündigung?, in: Arbeit und Arbeitsrecht (AuA), 57.Jg., Heft 11/2002, S. 494-498.

Heinze, Meinhard (1982): Personalplanung, Einstellung und Kündigung – Die Mitbestimmung des Betriebsrates bei personellen Maßnahmen, Schäffer Verlag, Stuttgart.

Hentze, Joachim / Metzner, Joachim (1995): Personalwirtschaftslehre 2, 6. Auflage, Verlag Paul Haupt, Bern et. al.

Hardege, Stefan / Schmitz, Edgar (2008): Die Kosten des Kündigungsschutzes in Deutschland, Reihe: IW-Analysen – Forschungsberichte aus dem Institut der deutschen Wirtschaft Köln (Hrsg.), Nr. 41, Deutscher Instituts-Verlag, Köln.

Hille, Hans-Eduard (1994): Personalanpassung in Krisenzeiten. Eine Arbeitshilfe für Unternehmer und deren Berater, Stollfuß Verlag, Bonn.

Institut für Weltwirtschaft an der Universität Kiel (2009): Deutsche Konjunktur im Frühjahr 2009, Kiel 2009.

Jung, Hans (2006): Personalwirtschaft, 7.Auflage, R. Oldenbourg Verlag, München.

Jüngst, Manfred (2009): Kurzarbeit – Ein arbeitsrechtliches Instrument zur Erhaltung von Arbeitsplätzen in Zeiten drohender Rezession, in: B+P – Zeitschrift für Betrieb und Personal, 40.Jg., Heft 3/2009, S. 162-170.

Kadel, Peter (1990): Die Personalabbauplanung im arbeitsrechtlichen Kontext (Diss.), Rainer Hampp Verlag, München und Mering.

Kadel, Peter (1993): Personalabbauplanung und die Unterrichtungs- und Beratungsrechte des Betriebsrats nach § 92 BetrVG, in: Betriebs-Berater, Jg. 48, Heft 12/1993, S. 797 – 802.

Kadel, Peter (2003): Personalabbau / -freisetzungsplanung, in: Handwörterbuch des Personalwesens, hrsg. von Eduard Gaugler und Walter Oechsler, 3. Auflage, Schäffer-Poeschel Verlag, Stuttgart, Sp. 1357 – 1366.

Kammel, Andreas (2003) : Personalabbau / -freisetzung, in: Handwörterbuch des Personalwesens, hrsg. von Eduard Gaugler und Walter Oechsler, 3. Auflage, Schäffer-Poeschel Verlag, Stuttgart, Sp. 1343 – 1357.

Kammel, Andreas (2005): Die Sicht der Unternehmensleitung, in: Die Personalfreisetzung: betriebswirtschaftlich – gesellschaftspolitisch – menschlich, hrsg. von Reiner Bröckermann u.a., Expert Verlag, Renningen, S.12 – 19.

Kirsch, Johannes u.a. (2001): Zuschüsse zu Sozialplanmaßnahmen - langsame Fortschritte bei der Gestaltung betrieblicher und beruflicher Umbrüche, Reihe / Serie: Beiträge zur Arbeitsmarkt- und Berufsforschung Nr. 242, Nürnberg.

Kittner, Michael / Zwanziger, Bertram (Hrsg.) (2008): Arbeitsrecht – Handbuch für die Praxis, 4. Auflage, Bund Verlag, Frankfurt am Main.

Krüger, Karl-Heinz (2005a): Die Sicht der Personalabteilung, in: Die Personalfreisetzung: betriebswirtschaftlich – gesellschaftspolitisch – menschlich, hrsg. von Reiner Bröckermann u.a., Expert Verlag, Renningen, S.20-31.

Krüger, Karl-Heinz (2005b): Die Sicht der Fachabteilung, in: Die Personalfreisetzung: betriebswirtschaftlich – gesellschaftspolitisch – menschlich, hrsg. von Reiner Bröckermann u.a., Expert Verlag, Renningen, S.32-41.

Krystek, Ulrich (1987): Unternehmungskrisen - Beschreibung, Vermeidung und Bewältigung überlebenskritischer Prozesse in Unternehmungen, Verlag Gabler, Wiesbaden.

Krystek, Ulrich / Moldenhauer, Ralf (2007): Handbuch Krisen- und Restrukturierungsmanagement - Generelle Konzepte, Spezialprobleme, Praxisberichte, Kohlhammer, Stuttgart.

Küttner, Wolfdieter / Röller, Jürgen (Hrsg.) (2008): Personalbuch 2008. Arbeitsrecht – Lohnsteuerrecht – Sozialversicherungsrecht, 15. Auflage, 3. Aktualisierung Stand 1.1.2009, Verlag C.H. Beck, München.

Labrow, Daniel / Stoffregen, Sebastian (2009): Kurzarbeit – Was der Betriebsrat hierbei zu beachten hat; in: Arbeitsrecht im Betrieb (AiB), 30.Jg., Heft 2/2009, S.84-90.

Lindemann, Achim / Simon, Oliver (2008): Arbeitsrechtliche Instrumente in der Finanz- und Wirtschaftskrise, in: Betriebs-Berater, Jg. 63, Heft 51/2008, S. 2795-2804.

Losse, Bert (2009): Besser gewappnet, in: Wirtschaftswoche, Heft 9/2009, S. 28-30.

Mag, Wolfgang (1986): Einführung in die betriebliche Personalplanung, Wissenschaftliche Buchgesellschaft, Darmstadt.

Mag, Wolfgang (2003): Personalplanung, in: Gaugler, Eduard / Oechsler, Walter / Weber, Wolfgang (Hrsg.): Handwörterbuch des Personalwesens, 3. Auflage, Schäffer-Poeschel Verlag, Stuttgart, Sp. 1602 - 1616.

Marr, Rainer / Steiner, Karin / Schloderer, Florian (1998): Folgewirkungen von Personalabbau. Ergebnisse einer Unternehmensbefragung des Instituts für Personal- und Organisationsforschung vom März 1998, Universität der Bundeswehr München – Institut für Personal- und Organisationsforschung, Neubiberg.

Marr, Rainer / Steiner, Karin (2003): Personalabbau in deutschen Unternehmen: Empirische Ergebnisse zu Ursachen, Instrumenten und Folgewirkungen, Deutscher Universitäts-Verlag, Wiesbaden.

Michalski, Lutz (2008): Arbeitsrecht, 7. Auflage, C.F. Müller Verlag, Heidelberg et. al..

Moll, Wilhelm (Hrsg.) (2005): Münchener Anwaltshandbuch Arbeitsrecht, Verlag C.H. Beck, München.

Moll, Wilhelm / Ittmann, Benjamin (2008): Betriebsbedingte Kündigung und Leiharbeit, in: Recht der Arbeit (RdA) – Zeitschrift für die Wissenschaft und Praxis des gesamten Arbeitsrechts, 61. Jg., Heft 6/2008, S. 321-331.

Müller-Glöge, Rudi / Schmidt, Ingrid / Preis, Ulrich (Hrsg.) (2008): Erfurter Kommentar zum Arbeitsrecht, 8. Auflage, Verlag C. H. Beck, München.

Nagel, Annette (1994): Werteorientierte Personalpolitik in der Rezession: Kosten oder Erfolgsfaktor?, in: Personalmanagement in Abhängigkeit von der Konjunktur, hrsg. von Christian Scholz und Hans Oberschulte, Rainer Hampp Verlag, München und Mering, S. 155-184.

Paatz, Michael (2009): Was Kurzarbeit die Firma kostet, in: Personalmagazin – Management, Recht und Organisation, Heft 3/2009, S.44-46.

Projektgruppe Gemeinschaftsdiagnose (2009): Im Sog der Weltrezession – Gemeinschaftsdiagnose Frühjahr 2009, Dienstleistungsauftrag des Bundesministeriums für Wirtschaft und Technologie, München.

Pulte, Peter (2005): Die Sicht der juristischen Abwicklung, in: Die Personalfreisetzung: betriebswirtschaftlich – gesellschaftspolitisch – menschlich, hrsg. von Reiner Bröckermann u.a., Expert Verlag, Renningen, S.42-58.

Räth, Norbert (2009): Rezessionen in historischer Betrachtung, in: Statistisches Bundesamt (Hrsg.): Wirtschaft und Statistik 3/2009, Wiesbaden, S.203 – 208.

Ridder, Hans-Gerd (1994): Strategisches Personalmanagement: Antwort auf ökonomische Krisen?, in: Personalmanagement in Abhängigkeit von der Konjunktur, hrsg. von Christian Scholz und Hans Oberschulte, Rainer Hampp Verlag, München und Mering, S. 31-53.

Richardi, Reinhard (Hrsg.) (2008): Betriebsverfassungsgesetz – Kommentar, 11. Auflage, Verlag C.H. Beck, München.

RKW: Rationalisierungs-Kuratorium der Deutschen Wirtschaft (1996): Handbuch Personal-Planung, 3.Auflage, Luchterhand Verlag, Berlin et. al. .

Schiefer, Bernd (2005): Betriebsbedingte Kündigung - Kündigungsursache und Unternehmerentscheidung, in: NZA-Rechtsprechung-Report Arbeitsrecht (NZA-RR), 10. Jg., Heft 1/2005, S.1-12.

Schmidt, Marlene (2009): Schutzschirm für Arbeitnehmer: Eine Übersicht über das arbeitsrechtliche Instrumentarium zum Schutz der Arbeitnehmer in der Unternehmenskrise, Untersuchung im Auftrag der Hans-Böckler-Stiftung, www.boeckler.de.

Schneider, Martin (2008): Organisationskapital und Humankapital als strategische Ressourcen, in: Zeitschrift für Personalforschung (ZfP), Jg.22, Heft 1/2008, S.12-34.

Scholz, Christian (1994): Personalmanagement zwischen Rezession und Restrukturierung, in: Personalmanagement in Abhängigkeit von der Konjunktur, hrsg. von Christian Scholz und Hans Oberschulte, Rainer Hampp Verlag, München und Mering, S. 15-30.

Scholz, Christian (2000): Personalmanagement: Informationsorientierte und verhaltenstheoretische Grundlagen, 5. Auflage, Verlag Vahlen, München .

Seisl, Petra (1998): Der Abbau personeller Überkapazitäten: unternehmerische Handlungsspielräume – Folgewirkungen – Implikationen für ein Trennungsmanagement (Diss.), Erich Schmidt Verlag, Berlin.

Simon, Oliver / Greßlin, Martin (2007): Abbau von Leiharbeit vor betriebsbedingten Kündigungen?, in: Betriebs-Berater, 6. Jg., Heft 45/2007, S. 2454-2459.

Sparr, Jennifer / Schubert, Andreas / Hedde, Boris (2009): Imageschäden in Krisenzeiten, in: Personalmagazin – Management, Recht und Organisation, Heft 2/2009, S. 51-53.

Stahlhacke, Eugen / Preis, Ulrich / Vossen, Reinhard (1999): Kündigung und Kündigungsschutz im Arbeitsverhältnis, 7. Auflage, Verlag C.H. Beck, München.

Statistisches Bundesamt (2007): Ausgewählte Zahlen für die Rechtspflege, Fachserie 10, Reihe 1, Wiesbaden 2007.

Steinau-Steinrück, Robert / Grobys, Marcel (2009): Kurzarbeit zur Überbrückung der Unternehmenskrise, in: Neue Jursitische Wochenschrift (NJW) Spezial, Heft 1/2009, S. 18-19.

Stockert, Andreas (1987): Wirkungen von Rechtsnormen auf Personalanpassungen, C.E. Poeschel Verlag, Stuttgart.

The International Bank for Reconstruction and Development / The World Bank (2008): Doing Business 2009 – Comparing Regulation in 181 Economies, Washington.

Ulber, Jürgen (2007): Kurzarbeit – Ein Instrument zur Beschäftigungssicherung, in: Arbeitsrecht im Betrieb (AiB), 28.Jg., Heft 1/2007, S. 5-13.

Weiss, Vera / Udris, Ivars (2001): Downsizing und Survivors : Stand der Forschung zum Leben und Überleben in schlanken und fusionierten Organisationen, in: Arbeit – Zeitschrift für Arbeitsforschung, Arbeitsgestaltung und Arbeitspolitik, 10.Jg., Heft 2/2001, S. 103-121.

Wimmer, Peter (1985): Personalplanung: Problemorientierter Überblick – theoretische Vertiefung, in: Basistexte Personalwesen, Bd. 6, hrsg. Von Oswald Neuberger, Ferdinand Enke Verlag, Stuttgart.

Wimmer, Richard (1996): Arbeitsrechtliche Maßnahmen zur Sanierung von Unternehmen, in: Deutsches Steuerrecht (DStR), 34. Jg., Heft 34/1996,S.1329-1334.

Wöhe, Günther / Döring, Wolfgang (2005): Einführung in die allgemeine Betriebswirtschaftslehre, 22. Auflage, Verlag Vahlen, München.

Webseitenverzeichnis

Bundesvereinigung der Deutschen Arbeitgeberverbände

Prognosen des Bruttoinlandsprodukts 2009 und 2010 ; URL: http://www.arbeitgeber.de/www/arbeitgeber.nsf/res/BIP.pdf/$file/BIP.pdf ; *Stand: 14.04.2009.*

Bundesgesetzblatt

Gesetz zur Sicherung von Beschäftigung und Stabilität in Deutschland vom 2. März 2009 ; URL: http://www.bgblportal.de/BGBL/bgbl1f/bgbl109s0416.pdf ; *Stand: 17.05.2009.*

Bundesministerium der Justiz

Verordnung über die pauschalierten Nettoentgelte für das Kurzarbeitergeld für das Jahr 2009 ; URL: http://bundesrecht.juris.de/sgb3entgv_2009/ ; *Stand: 24.05.2009.*

Bundesministerium für Arbeit und Soziales

Pressemitteilung „Kurzarbeitergeld kann länger gezahlt werden" vom 12.11.2008 ; URL: http://www.bmas.de/coremedia/generator/29420/2008__11__12__kurzarbeitergeld.html ; *Stand: 17.05.2009.*

Pressemitteilung „Kurzarbeitergeld verlängert" vom 20.05.2008 ; URL: http://www.bmas.de/coremedia/generator/33352/2009__05__20__kurzarbeitergeld__verlaengert.html ; *Stand: 02.06.2009.*

Deutsches Statistisches Bundesamt

Pressemitteilung Nr. 185 vom 15.05.2009 „Deutsche Wirtschaftsleistung im 1. Quartal 2009 stark rückläufig ; URL:
http://www.destatis.de/jetspeed/portal/cms/Sites/destatis/Internet/DE/Presse/pm/Grafiken/VolkswirtschaftlicheGesamtrechnungen/2009/BIPStart01,templateId=renderLarge.psml ; *Stand: 20.05.2009.*

Europäischer Sozialfonds für Deutschland

Richtlinie für aus Mitteln des Europäischen Sozialfonds (ESF) mitfinanzierte Qualifizierungsangebote für Bezieherinnen und Bezieher von Kurzarbeitergeld vom 18. Dezember 2008 ; URL:
http://www.esf.de/portal/generator/6126/property=data/09__01__16__BAnz__Richtlinie__Kurzarbeitergeld.pdf ; *Stand: 08.06.2009.*

Anhang

Anhang A: Darstellung des Konfliktorientierten Ansatzes

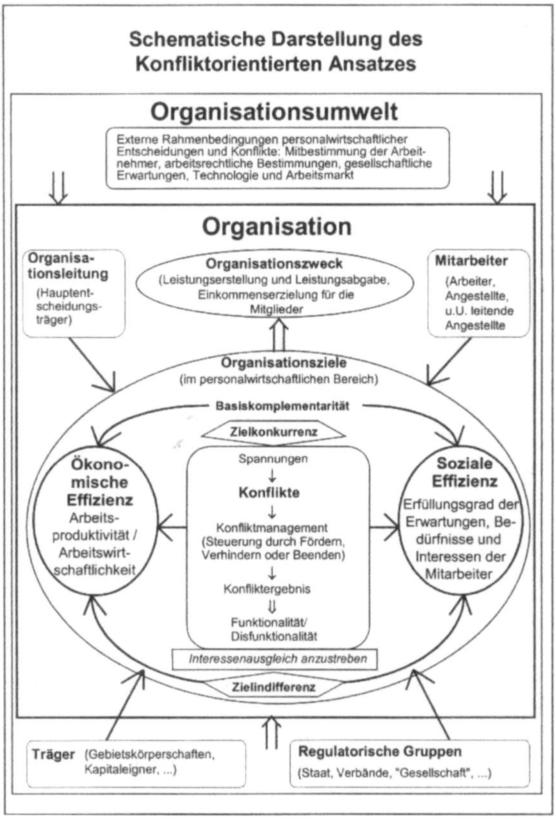

Quelle: Marr / Steiner (2003): S.99.

Diese Übersicht fasst die wesentlichen Elemente des konfliktorientierten Ansatzes nach *Marr und Stitzel*[339] zusammen, dessen Gegenstand die Komplementarität und Zielkonkurrenz ökonomischer und sozialer Effizienzziele ist.

[339] Marr, Rainer / Stitzel, Michael (1979): Personalwirtschaft – ein konfliktorientierter Ansatz, Verlag Moderne Industrie, München.

Anhang B: Weiterführende Darstellung von Konjunkturprognosen und Indikatoren

Abbildung 1: Zusammenfassung der Prognosen verschiedener Wirtschaftsinstitute

BDA
DIE ARBEITGEBER

Prognosen des Bruttoinlandsprodukt 2009 und 2010

Prognosen des Bruttoinlandsprodukt 2009 und 2010		Veränderung in % gegen Vorjahr			
Institution		Stand	2009 (alt)	2009	2010
Nationale Wirtschaftsforschungsinstitute					
ifo	ifo-Institut für Wirtschaftsforschung	03/09	- 2,2	> -4,0	- 0,2
IfW	Institut für Weltwirtschaft	03/09	- 2,7	- 3,7	- 0,1
HWWI	Hamburgisches Welt-Wirtschafts-Institut	03/09	- 1,2	- 3,8	+ 1,0
RWI	Rheinisch-Westfälisches Institut für Wirtschaftsforschung	03/09	- 2,0	- 4,3	+ 0,5
IWH	Institut für Wirtschaftsforschung Halle	03/09	- 1,9	- 4,8	- 0,2
DIW	Deutsches Institut für Wirtschaftsforschung	02/09	+ 1,0	> - 3,0	> + 1,0
Forschungsinstitute	Gemeinschaftsdiagnose Herbst 2008	10/08	+ 1,4	+ 0,2	
SVR	Jahresgutachten 2008/09	11/08		0,0	
Bundesregierung	Jahreswirtschaftsbericht	01/09	+ 0,2	- 2,25	
Bundesbank	Monatsbericht	12/08		- 0,8	+ 1,2
IW Köln	IW-Konjunkturprognose	12/08	+ 0,6	- 1,5 bis - 2,0	
Wirtschaftsverbände					
BDI	Konjunkturreport	10/08			
DIHK	Konjunkturumfrage	10/08	+ 0,5	- 3,0	
Internationale Institutionen und Organisationen					
OECD	Organisation für wirt. Zusammenarbeit und Entwicklung	04/09	- 0,9	- 5,3	+ 0,2
EU	Kommission	01/09	0,0	- 2,3	+ 0,7
IWF	Internationaler Währungsfonds	01/09	- 0,8	- 2,5	+ 0,1

XI, Stand: 1. April 2009

Quelle: http://www.arbeitgeber.de/www/arbeitgeber.nsf/res/BIP.pdf/$file/BIP.pdf ; Stand: 14.04.2009, 19:15Uhr.

Sieht man von den Prognosen „Stand 2008“ ab, so prognostizieren Wirtschaftsinstitute für das laufende Jahr einen Einbruch des Wirtschaftswachstums zwischen 2,25 und 4,8%. Mit einer „Erholung“ der Konjunktur wird frühestens ab 2010 gerechnet.

Abbildung 2: Gemeinschaftsprognose April 2009

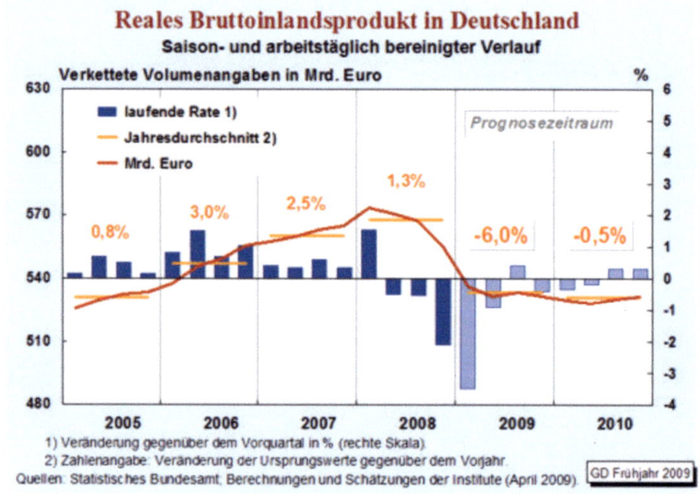

Quelle Projektgruppe Gemeinschaftsdiagnose (2009):S.50.

Eine Gemeinschaftsprognose folgender Wirtschaftsinstitute im Auftrag des Bundesministeriums für Wirtschaft und Technologie im April 2009:

- ifo Institut für Wirtschaftsforschung an der Universität München
- KOF Konjunkturforschungsstelle der ETH Zürich
- Institut für Weltwirtschaft an der Universität Kiel
- Institut für Wirtschaftsforschung Halle
- Institut für Makroökonomie und Konjunkturforschung in der Hans-Böckler-Stiftung
- Österreichisches Institut für Wirtschaftsforschung
- Rheinisch-Westfälisches Institut für Wirtschaftsforschung
- Institut für Höhere Studien Wien

Abbildung 3: Geschäftserwartungen im Urteil der Unternehmen

Die Geschäftserwartungen im Urteil der Unternehmen
in Prozent

Die Unternehmen beurteilen im die Geschäftserwartungen für die jeweils nächsten 12 Monate:	Früh-sommer 2007	Herbst 2007	Jahres-beginn 2008	Früh-sommer 2008	Herbst 2008	Jahres-beginn 2009
besser	34	28	26	23	18	10
gleich	56	59	58	60	55	41
schlechter	10	13	16	17	27	49
Saldo*	24	15	10	6	-9	-39

* Anteil der besser-Meldungen minus Anteil der schlechter-Meldungen in Prozentpunkten

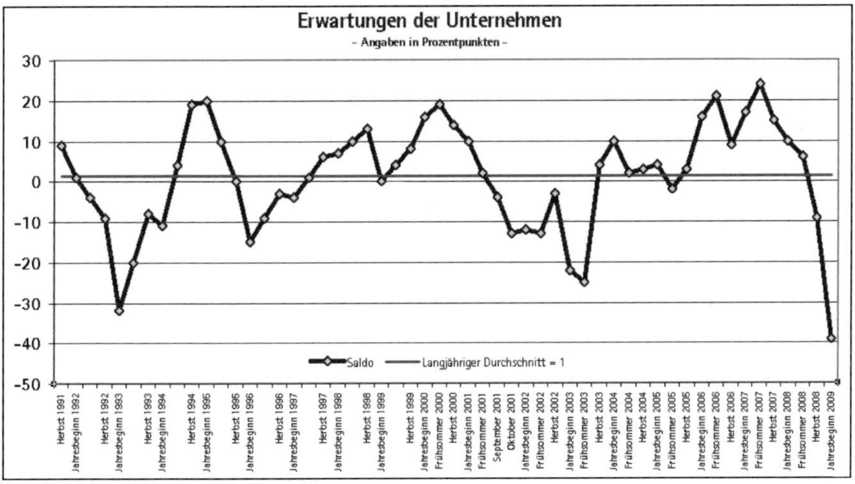

Quelle: *Deutscher Industrie- und Handelskammertag (DIHK): Wirtschaftslage und Erwartungen - Ergebnisse der DIHK-Umfrage bei den Industrie- und Handelskammern Jahresbeginn 2009, Berlin, Februar 2009, S.15f. .*

Zu Jahresbeginn 2009 erwartet nur noch jedes zehnte Unternehmen, dass sich seine wirtschaftliche Lage in den nächsten Monaten verbessen wird. Fast die Hälfte geht von einer Verschlechterung aus.

Anhang C: Überblick über die Kosten des Kündigungsschutzes für Unternehmen

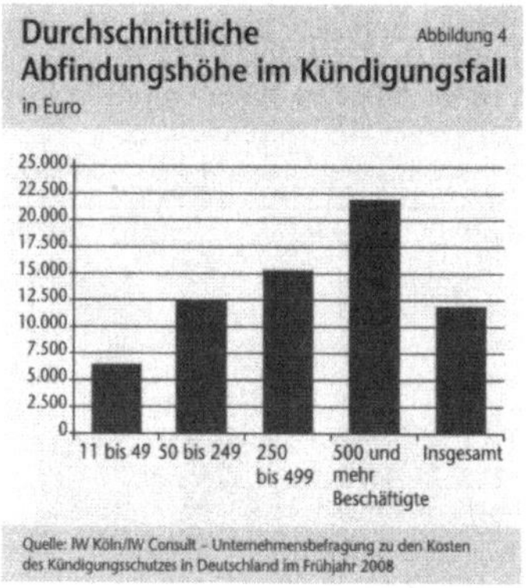

Durchschnittliche Höhe der Abfindungen nach Beendigungsart des Beschäftigungsverhältnisses Tabelle 6

Beendigungsart	Abfindungshöhe, in Euro		Abfindungsfaktor[1]	
	Mittelwert	Median	Mittelwert	Median
Individualvertraglich/ Aufhebungsvertrag	13.700	15.000	0,8	0,5
Sozialplan[2]	25.500	24.000	0,9	0,6
Auflösungsurteil[2]	9.000	12.000	0,8	0,5
Vergleich im Rahmen einer Klage	8.600	10.000	0,7	0,5

[1] Abfindungsfaktor: Abfindungshöhe in Bruttomonatsgehältern pro Jahr der Betriebszugehörigkeit;
[2] Die Fallzahlen für diese beiden Beendigungsarten sind gering, die Werte somit nicht repräsentativ.
Quelle: IW Köln/IW Consult – Unternehmensbefragung zu den Kosten des Kündigungsschutzes in Deutschland im Frühjahr 2008

Quelle: Hardege / Schmitz (2008): S. 31, 36, 37.

Deutlich wird die Korrelation aus Unternehmensgröße und Häufigkeit von Kündigungsschutzklagen sowie der Höhe der Abfindung. Auch die Art der Beendigung ist demnach entscheidend für die durchschnittliche Höhe der Abfindung. Die tendenziell höheren Abfindungszahlungen bei größeren Unternehmen lassen sich auf die Einflussnahme des Betriebsrats zurückführen. Daten des Statistischen Bundesamtes bestätigen die oben angeführten Angaben zur Klagehäufigkeit: Im Jahr 2006 gingen bei den Arbeitsgerichten insgesamt 467.807 neue Klagen ein, wovon 460.747 (= 98,4%) von AN stammten. Bei 244.419 Fällen (= 52,2%) handelte es sich um Kündigungsschutzprozesse. Der überwiegende Anteil der Streitigkeiten endete mit einem Vergleich (ca. 52 %), bei dem sich AG und AN meist über eine Abfindungshöhe einigten. Nur etwa 17,5 % endeten durch ein Urteil, der Rest entfiel auf anderweitige Erledigungsarten.[340]

[340] Eigene Berechnungen auf Grundlage der Daten des Statistischen Bundesamtes (2007): S.39.

Anhang D: Finanzielle Auswirkungen der Kurzarbeit für den Arbeitnehmer

Beispiel I: Arbeitnehmer, Kurzarbeit 50%, Leistungssatz 60%

ÜBERSICHT Rechenbeispiel

Arbeitnehmer, Steuerklasse I, kinderlos	normal	Kurzarbeit 50 Prozent
Gehalt	2 300,00 €	1 150,00 €
Lohnsteuer	384,00 €	56,58 €
Solidaritätsbeitrag	21,12 €	–
Kirchensteuer	34,56 €	5,09 €
Krankenversicherung	155,25 €	77,63 €
Pflegeversicherung	19,55 €	9,78 €
Rentenversicherung	219,65 €	109,83 €
Arbeitslosenversicherung	74,75 €	37,38 €
Netto	1 391,12 €	853,71 €
Kurzarbeitergeld		320,63 €
Auszahlung	1 391,12 €	1 174,34 €

Quelle: Haag / Discher (2002): S. 498.

Beispiel II: Arbeitnehmer, Kurzarbeit 33% , Kinderfreibetrag 1,0 (Leistungssatz 67%)

Das Sollentgelt des AN (Lohnsteuerklasse III, verheiratet, 1 Kind) beträgt 2700,- € im Monat. Aufgrund von Kurzarbeit wird die Arbeitszeit im Betrieb um ein Drittel verkürzt und der AN erhält nur noch 1800,- € brutto Istentgelt.

Sollentgelt im Kalendermonat (brutto):	2700,00 €
Pauschalisiertes Nettoentgelt laut Verordnung:	1944,21 €
Istentgelt im Kalendermonat (brutto):	1800,00 €
Pauschalisiertes Nettoentgelt laut Verordnung:	1409,67 €
Differenz pauschalisiertes Soll- und Istentgelt:	1944,21 – 1409,67 = 534,54 €
Ausgezahltes Kurzarbeitergeld:	534,54 x 67% = **358,14 €**

Dem AN werden vom AG nach diesem Beispiel insgesamt 1767,8 € (1409,67 € Netto-Istentgelt + 358,14 € KuG) ausbezahlt. Bei regulärer Arbeitszeit im Betrieb hätte er 1944,21 € Nettogehalt erhalten. In diesem Fall bleiben dem AN trotz einer um 33 Prozent verkürzten Arbeitszeit noch ca. 91 % des Nettogehalts.

Anhang E: Finanzielle Auswirkungen der Kurzarbeit für den Arbeitgeber

Beispiel I: Berechnung der zusätzlich zu tragenden Sozialversicherungsbeiträge

Beispiel für die Berechnung des SozV-Entgelts in der KV, RV und sozialen PflegeV:

Soll-Stunden		164 Stunden
(wären ohne Arbeitsausfall geleistet worden)		
Ist-Stunden		128 Stunden
(tatsächlich geleistete Arbeitsstunden)		
Stundenlohn		15 €
Berechnung des SozV-Entgelts:		
Sollentgelt (15 €x 164 Stunden)	= 2460 €	
Istentgelt (15 €x 128 Stunden)	= 1920 €	
Unterschiedsbetrag	= 540 €	
davon 80%		= 432 €
+ Istentgelt		= 1920 €
SozV-Entgelt		**= 2352 €**

Quelle: Küttner / Voelzke (2008): Kurzarbeit Rn. 64.

Der AG hat die Sozialversicherungsbeiträge für das fiktive Arbeitsentgelt (hier: 432 €) alleine zu tragen. Das fiktive Arbeitsentgelt ist mit dem zugehörigen vollen Beitragssatz der Versicherungszweige zu multiplizieren, also aktuell insgesamt 37,35%:

- Zur Krankenversicherung 15,5 % (ab 1.07.2009 vermindert auf 14,9 %)
- Zur Pflegeversicherung 1,95%
- Zur Rentenversicherung 19,9%[341]

Beiträge zur Arbeitslosenversicherung fallen aus dem Ausfallentgelt nicht an, sondern lediglich aus dem Istentgelt. Damit ergibt sich für den AG in diesem Beispiel eine zusätzliche Belastung für die allein zu tragenden Sozialabgaben des Ausfallentgelts i.H.v. 432 € x 37,35 % = **161,35 €**.

[341] Vgl. Freudenberg (2009b): S.207.

Beispiel II: Berechnung der zusätzlich zu tragenden Sozialversicherungsbeiträge

Wandelt man Beispiel I auf eine Arbeitszeitreduzierung von 50%, also auf 82 Arbeitsstunden ab, ergäbe sich folgende zusätzliche Kostenbelastung für den AG:

Soll-Stunden	164h
Ist-Stunden	82h
Stundenlohn	15 €

Berechnung des SozV-Entgelts:

Soll-Entgelt (164h x 15€)		2460 €
Ist-Entgelt (82h x 15€)	1230 €	
Unterschiedsbetrag (=Arbeitsausfallentgelt)		1230 €
Davon 80%		= 984 €
X Sozialversicherungssatz (37,35%)		
= Zusätzliche Sozialversicherungsabgaben	**=367,52 €**	

Die alleinige Übernahme der Sozialversicherungsbeiträge für das Arbeitsausfallentgelt vermindert die Personalkostenreduzierung immens.

Anhang F: Kostenentlastung für den Arbeitgeber

KSt	Bezeichnung	Entgelt	Stunden	Reduktion I	Reduktion II	Arbeitsstd. I	Arbeitsstd. II
210	Werk Mülheim	38.689,15 €	2.218,50	9,85%	32,39%	2.000,00	1.500,00
395	Fertigung allgemein	9.109,01 €	287,10	82,58%	93,03%	50,00	20,00
425	Schlosserei	9.004,17 €	456,75	56,21%	89,05%	200,00	50,00
485	Werkzeugbau	38.545,64 €	2.283,75	34,32%	47,45%	1.500,00	1.200,00
505	Stanzerei	23.724,67 €	1.218,00	8,87%	1,48%	1.110,00	1.200,00
515	Mech. Bearbeitung	7.971,45 €	609,00	17,90%	100,00%	500,00	0,00
525	Härterei	13.138,02 €	913,50	56,21%	78,11%	400,00	200,00
535	Schleiferei	36.702,39 €	2.283,75	34,32%	47,45%	1.500,00	1.200,00
545	Trommelei	4.780,73 €	304,50	67,16%	83,58%	100,00	50,00
595	SCM	39.840,87 €	2.283,75	12,42%	96,50%	2.000,00	80,00
695	Verwaltung	18.085,55 €	630,75	36,58%	4,88%	400,00	600,00
795	TVE	35.886,32 €	1.370,25	27,02%	0,02%	1.000,00	1.370,00

SV-Parameter
½ SV-Anteil AG
19,625%
SV AG Kug
37,350%
SV-Erstattung
19,600%

	ohne KUG	Red. I	Red. II
Arbeitsstunden	14.859,60	10.760,13	7.470,22
Ist-Entgelt	275.477,97 €	197.871,23 €	140.765,21 €
½ SV-Anteil AG	54.062,55 €	38.832,23 €	27.625,17 €
SV AG Kug	- €	23.188,89 €	40.252,17 €
SV Erstattung	- €	- 12.168,74 €	- 21.122,96 €
Gesamtkosten	329.540,52 €	247.723,61 €	187.519,59 €
Verhältnis			
Stunden	100,00%	72,41%	50,27%
Kosten ohne Erstattung	100,00%	78,87%	63,31%
Kosten mit Erstattung	100,00%	75,17%	56,90%

Quelle: Paatz (2009): S.46.

Die Abbildung zeigt einen Betrieb mit insgesamt zwölf Abteilungen, in denen in unterschiedlichem Ausmaß Kurzarbeit geleistet wird (2 unterschiedliche Szenarien „Reduktion I“ und „Reduktion II“). Interessant ist vor allem die zusammenfassende Tabelle am Bildrand unten rechts.

Im Szenario Reduktion II wird die betriebliche Arbeitszeit im Betrieb insgesamt auf 50,27% heruntergefahren. Ohne eine hälftige, pauschalisierte Erstattung der vom AG allein zu tragenden Sozialversicherungsbeiträge durch die BA ergäbe sich eine Kostenentlastung von insgesamt 36,7% zur Situation ohne Kurzarbeit.

Auf Antrag werden 50% der Sozialversicherungsbeiträge pauschal erstattet. Demnach ergibt sich eine Kosteneinsparung von 43,10% zur Situation ohne Kurzarbeit.

Eine volle Erstattung der Sozialversicherungsbeiträge (wie es durch den Beschluss der Bundesregierung ab dem 7. Bezugsmonat oder bei Qualifizierungsmaßnahmen möglich ist) ist in dem Berechnungsbeispiel noch unberücksichtigt. Bei einer vollen pauschalisierten Erstattung durch die BA ergibt sich im oben aufgezeigten Beispiel folgende Einsparung:

Ist-Entgelt	140.765,21	€
+ ½ SV-Anteil AG	27.625,17	€
+ SV AG KuG	40.252,17	€ (= 37,35 %)
- SV Erstattung BA (39,2%)	42.245,91	€ (= 39,2 %)
= Kosten bei voller Erstattung	**166.396, 64**	**€**
Kosten ohne Kurzarbeit	329.540, 52	€

Der AG kann durch die Inanspruchnahme der vollen Erstattung der von ihm allein zu tragenden Sozialversicherungsbeiträge bei Kurzarbeit im Umfang von 49,73% Prozent im Betrieb eine Personalkostenreduzierung von 49,5 % erzielen. Die Personalkostenreduzierung ist damit proportional zur Arbeitszeitverkürzung möglich.